国家智库报告 2016（27）
National Think Tank
学术评价

中国高等院校管理学研究力评价研究
（2014—2015）

张小宁 著

RESEARCH AND EVALUATION IN MANAGEMENT RESEARCH
CAPABILITY OF CHINA'S COLLEGES AND UNIVERSITIES
(2014-2015)

中国社会科学出版社

图书在版编目（CIP）数据

中国高等院校管理学研究力评价研究. 2014—2015 / 张小宁著. —北京：中国社会科学出版社，2016.4
（国家智库报告）
ISBN 978-7-5161-8205-5

Ⅰ.①中… Ⅱ.①张… Ⅲ.①高等学校—学校管理—研究报告—中国 Ⅳ.①G647

中国版本图书馆 CIP 数据核字（2016）第 105677 号

出版人	赵剑英
责任编辑	车文娇
责任校对	朱妍洁
责任印制	李寡寡
出　　版	中国社会科学出版社
社　　址	北京鼓楼西大街甲 158 号
邮　　编	100720
网　　址	http://www.csspw.cn
发 行 部	010-84083685
门 市 部	010-84029450
经　　销	新华书店及其他书店
印刷装订	北京君升印刷有限公司
版　　次	2016 年 4 月第 1 版
印　　次	2016 年 4 月第 1 次印刷
开　　本	787×1092　1/16
印　　张	11.5
插　　页	2
字　　数	128 千字
定　　价	45.00 元

凡购买中国社会科学出版社图书，如有质量问题请与本社营销中心联系调换
电话：010-84083683
版权所有　侵权必究

摘要：本研究基于在中国大陆的 12 种权威和核心管理学期刊上发表的管理学学术论文，从数量和质量的角度，对中国高等院校管理学研究力进行了评价，构建了中国高等院校管理学研究力指数。研究结果显示，2015 年中国高等院校管理学综合研究力"十强"依次是大连理工大学、华中科技大学、中国人民大学、南开大学、西安交通大学、南京大学、西南财经大学、清华大学、中山大学和重庆大学；工商管理研究力"十强"依次是中国人民大学、西南财经大学、大连理工大学、南开大学、南京大学、西安交通大学、中山大学、对外经济贸易大学、浙江大学和清华大学；管理科学与工程研究力"十强"依次是华中科技大学、中南大学、重庆大学、大连理工大学、电子科技大学、合肥工业大学、西安交通大学、东北大学、中国科学技术大学和华北电力大学；占据企业理论与管理理论、战略管理、财务管理、市场营销管理、创新管理、组织与运营管理、人力资源管理、企业文化与社会责任各工商管理子学科研究力首位的分别是中山大学、南开大学、中国人民大学、西南财经大学、西安交通大学、大连理工大学、南京大学和南京大学。与此同时，研究还发现，中国高等院校管理学研究力有研究力量高度集中、学科优势主体存在差异、各高等院校研究力差距显著的特点。

关键词： 管理学　工商管理　管理科学与工程　研究力

Abstract: This research evaluates the management research capability of China's colleges and universities, and establishes the index based on the quantity and quality of management academic papers published on 12 authoritative and core journals of China. The research results show that, in 2015, the "top ten" colleges and universities in comprehensive research capability are Dalian University of Technology, Huazhong University of Science and Technology, Renmin University of China, Nankai University, Xi'an Jiaotong University, Nanjing University, Southwest University of Finance and Economics, Tsinghua University, Sun Yat-sen University, and Chongqing University; the "top ten" in business administration research capability are Renmin University of China, Southwest University of Finance and Economics, Dalian University of Technology, Nankai University, Nanjing University, Xi'an Jiaotong University, Sun Yat-sen University, University of International Business and Economics, Zhejiang University, and Tsinghua University; the "top ten" in management science and engineering research capability are Huazhong University of Science and Technology, Central South University, Chongqing University, Dalian University of Technology, University of Electronic Science and Technology of China, Hefei Institute of Technology, Xi'an Jiaotong University, Dongbei University, University of Science and Technology of China, and North China Electric Power University; the colleges and universities ranking in the first place in corporation theory and management theory research, strategic management research, financial management research, marketing management research, innovation management research, organization and operation management research, human resource management research, enterprise culture and corporate social responsibility research are Sun Yat-sen University, Nankai University, Renmin University of China, Southwest University of Finance and Economics, Xi'an Jiaotong University, Dalian University of Technology, Nanjing University, and Nanjing University, respectively. Additionally, the research finds that the research capability of China's colleges and universities has three aspects of characteristics, which are highly centralized research capability, differentiation in the bodies with advantageous disciplines, and significant differences in the research capability of different colleges and universities.

Key words: management, business administration, management science and engineering, research capability

目 录

一 中国高等院校管理学研究力的
　评价方法与过程 …………………………（2）
　（一）评价方法 ………………………………（2）
　（二）评价过程 ………………………………（6）

二 中国高等院校管理学研究力
　综合指数与排名分析 ………………………（14）

三 中国高等院校工商管理研究力
　综合指数与排名分析 ………………………（47）

四 中国高等院校工商管理各子学科研究力
　指数与排名分析 ……………………………（70）
　（一）企业理论与管理理论研究力
　　　　指数与排名 ……………………………（71）

（二）战略管理研究力指数与排名 …………（81）

（三）财务管理研究力指数与排名 …………（91）

（四）市场营销管理研究力指数与排名 ………（99）

（五）创新管理研究力指数与排名 …………（108）

（六）组织与运营管理研究力指数与排名 ……（122）

（七）人力资源管理研究力指数与排名 ………（131）

（八）企业文化与社会责任研究力指数与排名 ………………………………（140）

五 中国高等院校管理科学与工程研究力指数与排名分析 …………………………（146）

六 中国高等院校管理学研究力评价结论与局限性 ……………………（165）

（一）评价结论 ………………………………（165）

（二）局限性 …………………………………（169）

参考文献 …………………………………（172）

中国管理学的发展，具体体现为管理学的研究力度在持续加大、研究范围在持续拓展和研究深度在持续挖掘，而这一切的背后是中国管理学的研究主体在数量与质量上均呈现稳步提升的态势。尽管中国管理学的研究主体众多，但除了中国科学院和中国社会科学院等少数国家研究机构，管理学研究的力量基本上都集中在高等院校的管理学院、商学院、经济学院、经济管理学院、会计学院和工学院中（黄速建、黄群慧等，2007）。因此，可以说高等院校是中国管理学专业研究的核心主体，其在管理学方面的专业研究能力和水平在很大程度上深刻影响着中国管理学的发展进程。进一步来看，研究能力和水平不仅是各高等院校在中国管理学领域地位的重要标志，而且直接成为其管理学院和商学院提供高质量管理教育服务的基础。因此，有必要对中国各高等院校的管理学研究力进行评价,以从微观层面上把握中国高等院校在管理学研究方面的基本规律和特征。

本研究主要对中国高等院校2014—2015年管理学研究力的情况进行探讨。在2012—2013年管理学研究力评价报告[①]的基础上,本研究进一步确定了论文分类的结构和内涵,并采用2014年和2015年的数据对管理学研究力进行评价。

一 中国高等院校管理学研究力的评价方法与过程

(一)评价方法

一所高等院校的管理学研究力可以反映在多个方面,院校的教职人员发表在权威学术杂志上的管理学论文数量与质量就是一个重要体现。为了评价中国各高等院校的管理学研究力,我们参考了中国学术期刊(光盘版)电子杂志社、中国科学文献计量评价研究中心和清华大学图书馆等联合发布的中国学术期刊影响力研

---

① 参见王钦、肖红军、张小宁《中国高等院校管理学研究力评价报告(2012—2013)》,中国社会科学出版社2015年版。

究报告提供的期刊国际影响因子，以确定哪些期刊可以被认定为权威学术杂志。

我们从"2014中国最具国际影响力学术期刊（人文社会科学）""2014中国国际影响力优秀学术期刊（人文社会科学）""2015中国最具国际影响力学术期刊（哲学与人文社会科学）""2015中国国际影响力优秀学术期刊（哲学与人文社会科学）"中挑选出2014年和2015年均出现的管理学学术期刊来进行中国高等院校的管理学研究力评价。以前在进行2012—2013年管理学研究力评价时，我们曾根据期刊影响因子和发文内容选择了13种期刊。但2012—2013年入选的《外国经济与管理》在2014年和2015年均未进入上述期刊评选名录；而《经济管理》和《科学管理研究》则是2015年未进入上述期刊评选名录。因此，我们剔除了这三种期刊，换为《管理学报》和《科研管理》。这样，2014—2015年管理学研究力评价使用的期刊有12种，其中10种期刊是在2012—2013年评价中选择过的，2种期刊是新选择的。这12种期刊是《管理世界》《会计研究》《中国软科学》《中国管理科学》《中国工业经济》《南开管理评论》《管理科学学报》《管理科学》《管理工程学报》《科学学研究》《管理学报》和《科研管理》。表1列出了这些期刊的影响因子。

表1 用于评价中国高等院校管理学研究力的管理学学术期刊及影响因子

期刊名称	2014年国际他引影响因子	2015年国际他引影响因子
《管理世界》	0.042	0.040
《会计研究》	0.098	0.050
《中国软科学》	0.097	0.073
《中国管理科学》	0.086	0.067
《中国工业经济》	0.054	0.047
《南开管理评论》	0.053	0.049
《管理科学学报》	0.057	0.080
《管理科学》	0.056	0.045
《管理工程学报》	0.074	0.073
《科学学研究》	0.054	0.045
《管理学报》	0.054	0.031
《科研管理》	0.031	0.059

资料来源：根据中国学术期刊（光盘版）电子杂志社、中国科学文献计量评价研究中心和清华大学图书馆等联合发布的数据整理。

2014年数据参见 http：//hii.cnki.net/refreport/gj.html。

2015年数据参见 http：//hii.cnki.net/refreport2015/gjyznb01.html。

为了对各高等院校的管理学研究力进行较科学和较全面的评价，我们从数量与质量两个维度来衡量。前者主要是考察各高等院校2014年和2015年在12种管理学学术期刊上发表的规范性管理学学术论文的数量；后者则是考虑所发表的每一篇学术论文的质量，以刊载论文的期刊的国际他引影响因子作为间接的衡量指标。

由此，每一所高等院校的管理学研究力评价得分即其在每一种期刊上发表的管理学学术论文数量与该期刊的国际他引影响因子的乘积得分加总，测算公式如下：

$$RC_{score} = \sum_{i=1}^{12} NUM_i \times IF_i$$

其中，RC_{score}是某一所高等院校的管理学研究力评价得分，NUM_i是发表在期刊i上的规范性管理学学术论文数量，IF_i是期刊i的国际他引影响因子。

在评价得分的基础上，我们进行归一化处理，并将归一化处理后的值乘上100，进而得到每一所高等院校的管理学研究力指数，测算公式如下：

$$RC_{index} = \frac{RC_{score} - RC_{scoremin}}{RC_{scoremax} - RC_{scoremin}} \times 100$$

其中，RC_{index}是某一所高等院校的管理学研究力指数，RC_{score}是该高等院校的管理学研究力评价得分，$RC_{scoremax}$是涉及的所有高等院校中管理学研究力评价得分最高者的得分，$RC_{scoremin}$是涉及的所有高等院校中管理学研究力评价得分最低者的得分。在实际的测算工作中，我们发现 $RC_{scoremin}$ 是一个非常小的数值。为了使所有发表过管理学论文的高等院校都能有一个大于零的分值，我们把 $RC_{scoremin}$ 的值设为零。

（二）评价过程

整个评价过程分为五个步骤。

第一步是论文搜集。我们搜集了所选择的 12 种期刊 2014 年和 2015 年刊载的所有学术论文。大部分论文是通过中国知网（CNKI）和国家哲学社会科学学术期刊数据库（NSSD）获得的，对于 CNKI 和 NSSD 暂时没有的 2015 年年末的部分期刊，则直接通过纸质期刊获得，然后从中挑选出管理学论文。挑选管理学论文的方法是筛选：首先去除非学术的文章，如会议综述和新书评介等，然后去除非管理学的论文，即去除经济、经济政策、外贸、金融和心理学等方面的论文，再去除各类公共管理方面的论文，如经济管理、政府管理、行政管理、旅游管理和交通管理等，最后选中的是比较严格意义上的管理学论文。由此获得的 2014 年和 2015 年管理学论文分别为 1012 篇和 1009 篇（见表 2）。

表2　　12种管理学学术期刊中选择的论文数量

期刊名称	选择的2014年论文数量	选择的2015年论文数量
《管理世界》	100	80
《会计研究》	68	58
《中国软科学》	34	31
《中国管理科学》	136	133
《中国工业经济》	57	48
《南开管理评论》	80	68
《管理科学学报》	26	48
《管理科学》	53	49
《管理工程学报》	47	76
《科学学研究》	107	75
《管理学报》	183	181
《科研管理》	121	162
合计	1012	1009

第二步是分类整理。我们把管理学文献分为工商管理和管理科学与工程两类。前者主要讨论企业管理的理论问题和实际问题，并提出概念进行逻辑分析；后者主要讨论如何用科学或工程化的技术和方法解决管理问题。进一步，又按照工商管理的各子学科对工商管理论文进行了更细的分类。本研究借鉴国家自然科学学科分类方法，并考虑相关研究文献的数量，将工商管理分为

11个子学科,即企业理论、管理理论、战略管理、财务管理、市场营销管理、创新管理、组织管理、运营管理、人力资源管理、企业文化和企业社会责任。管理科学与工程论文的特点是通过数理方法提供科学技术方案以解决管理问题,讨论的重点是方法和技术,因此就不对管理科学与工程论文做进一步的学科分类。论文分类结构可参考表3。

表3　　　　论文分类的三个层面和细分领域

第一层	第二层	第三层
管理学	工商管理	企业理论
		管理理论
		战略管理
		财务管理
		市场营销管理
		创新管理
		组织管理
		运营管理
		人力资源管理
		企业文化
		企业社会责任
	管理科学与工程	

在工商管理的 11 个子学科中，企业理论主要讨论企业的性质、本质、边界以及基本制度等，如产权理论、破产理论、委托—代理关系、法人治理结构、企业成长理论、层级制度和组织制度、公司治理、代理问题、公司价值、公司效率、公司行为、公司业绩、家族企业、高管薪酬、股权结构、企业周期、企业家、企业成长、企业控制权、企业信息披露等。管理理论主要讨论管理学的一般问题，如管理哲学、中西方管理比较、管理的科学性与艺术性、决策学、决策过程与方法等。战略管理的主要依据是明茨伯格的战略 5P 模型，即战略是一种计划（Plan）、计策（Ploy）、模式（Pattern）、定位（Position）和观念（Perspective），具体包括：战略制定、战略执行、战略控制、外部环境与内部条件分析、SWOT、战略思想、战略宗旨、战略目标、战略重点、战略对策、战略评价、差异化战略、低成本战略、市场渗透、多元化经营、技术多元、产品多元、联合经营、危机管理、资源管理与使用、政企关联、企业竞争、竞争优势、企业联合、企业并购、商业模式、联盟合作、跨组织治理等。财务管理是从货币的时间价值去分析和预测公司的经营状况，包括筹资的管理、投资的管理、营运资金的管理和收益分配的管理，如成本管理、成本黏性和盈余管理等。市场营销管理是指企业在创造、沟通、传播和交换产品中，为顾客、客户、合作伙伴以及整个社会带来价值的一系列与营销有关的活动、过程和体系的管理，包括市场分析、销售网络、品牌管理和消费者行为研究等。创新管理指企业研究如何利用新的生产经营过程，对企业原有的管理模式、管理方式和方法进行改进及变革，而且针对管理方法和制度进行重新构建的行为，包括观念创新、组织创新、制度创新、战略创新、文化创新、市场创新、技术创新、人力资源管理创新、大数据、创业、创客、产品升级、新产品、R&D、研发、创新团队、知识共享和知识管理等。组织管理指企业组织的个体或群体从组织的角度出发，对内外刺激所做出的反应，如在企业中建立管理机构、合理配备人员和岗位、制订各项规章制度，包括领导理论、领导力、上下沟通、领导的伦理知识性格、领导行为、权力、高管权力、授权、团队管理、辱虐管理或亲情管理等。运营管理是对运营过程的计划、组织、实施和控制，是与产品生产和服务创造密切相关的各项管理工作，包括质量管理、柔性管理、时间控制、生产系统设计和运行管理、产品和服务的设计、生产流程选择、生产能力规划、工作设计、生产计划、物料需求计划、生产作业计划、库存管理、物流管理、项目管理、质量控制、工程项目管理、内部控制、内部业绩评价、ERP系统、OA系统和内部供应链物流等。人力资源管理主要依据人力资源的六大板块：人力资源规划、员工招聘和配置、绩效考评、培训与开发、薪酬福利管理和劳资关系。企业文化是指企业在长期的实践活动中所形成的并且为组织成员普遍认可和遵循的具有本企业特色的价值观念、团体意识、工作作风、行为规范和思维方式的总和，一般包括企业标志、企业环境、企业制度、价值观和企业精神等。企业社会责任指企业在创造利润的同时，对员工、消费者、社区和环境承担的责任，企业应在生产过程中对人，对环境、消费者和社会有所贡献。

在按照工商管理各子学科和管理科学与工程对论文进行分类时，其中某篇论文可能会从属于不同学科（我们在文献分类和计算时，容许一篇论文从属于不同学科），获得的论文数量如表4所示。考虑到管理理论、运营管理和企业文化方面的论文数较少（2014年分别为30篇、26篇和13篇，2015年分别为29篇、29篇和7篇），我们将一些学科分类合并进行评价。具体是：企业理论和管理理论合并，它们同属理论研究；企业文化与企业社会责任合并，它们同属精神价值的管理；运营管理和组织管理合并，它们都是企业内部的日常管理。

表4　工商管理各子学科和管理科学与工程选择的论文数量

学科名称	选择的2014年论文数量	选择的2015年论文数量
企业理论	85	66
管理理论	30	29
战略管理	135	76
财务管理	59	71
市场营销管理	71	72
创新管理	210	226
组织管理	47	39
运营管理	26	29
人力资源管理	74	98
企业文化	13	7
企业社会责任	26	27
管理科学与工程	278	316

注：容许一篇论文从属于不同学科。

第三步是作者所在机构统计。我们对选择的每一篇论文的作者信息都进行了数据入库，将论文按照作者贡献情况进行篇数分配，并计入其所在机构。就某一篇论文而言，如果为单一作者，则直接计入1篇到其所在机构；如果为合著，则按照以第一作者为主要贡献者原则，第一作者分配0.7篇，后面的若干作者平均分配剩下的0.3篇，并分别计入他们对应的所在机构。由此，就可以统计得到每个机构2014年和2015年分别在12种管理学学术期刊上发表的论文数量以及属于各个子学科的论文数量。

在汇总所有机构以后，我们把高等院校及中国社会科学院和中国科学院的作者所发表的论文挑选出来作为评价研究的基础数据。[①] 从基础数据中可以看到，2014年和2015年按照作者贡献情况将篇数分配到高等院校（这里指高等院校及中国社会科学院和中国科学院，下同）的论文数量分别为976.1篇和973.4篇，占所选择管理学论文总数（分别为1012篇和1009篇）的比重均为96.5%（为了表述简便，在论述时有小数点的

---

① 考虑到中国社会科学院和中国科学院的研究实力及特殊性质，将其纳入评价范围。

数据保留小数点后一位）。

第四步是测算管理学研究力评价得分。将我们所得到的每所高等院校在每种期刊上发表的论文数量，分别乘以相应期刊的国际他引影响因子，并进行12种期刊的累加，就可以分别测算出该高等院校的管理学研究力整体评价得分、工商管理研究力整体评价得分、工商管理各子学科研究力评价得分以及管理科学与工程研究力评价得分。

第五步是归一化获得管理学研究力指数。按照归一化的方法，依据评价得分，可以得到每所高等院校的管理学研究力综合指数、工商管理研究力综合指数、工商管理各子学科研究力指数以及管理科学与工程研究力指数，并以此为基础对各高等院校的管理学研究力进行整体和细分排名。

二 中国高等院校管理学研究力综合指数与排名分析

根据中国高等院校管理学研究力综合指数的测算结果，我们所分析的2014年的976.1篇论文，来自248

所高等院校；2015年的973.4篇论文，来自258所高等院校。其中，既有综合类高等院校，也有以理工、人文科学为主的各类高等院校。

2014年，中国高等院校管理学研究力排前10位的分别是华中科技大学、南开大学、西安交通大学、南京大学、中山大学、西南财经大学、武汉大学、华南理工大学、浙江大学和清华大学（见表5），其评价得分之和占所有高等院校评价得分之和的28.6%，发表论文数量之和占论文总数的29.5%；排第11—20位的分别是中国人民大学、东北财经大学、大连理工大学、电子科技大学、吉林大学、天津大学、上海交通大学、北京大学、浙江工商大学和重庆大学，其评价得分之和占所有高等院校评价得分之和的16.2%，发表论文数量之和占论文总数的16.4%。由此可见，2014年中国高等院校管理学研究力量集中度较高，排前20位的高等院校评价得分之和占248所高等院校评价得分之和的44.8%，发表论文数量之和占论文总数的45.9%。

2015年，中国高等院校管理学研究力排前10位的分别是大连理工大学、华中科技大学、中国人民大学、南开大学、西安交通大学、南京大学、西南财经大学、清华大学、中山大学和重庆大学（见表6），其评价得分之和占所有高等院校评价得分之和的26.3%，发表论文数量之和占论文总数的28.2%，集中度较2014年略有下降；排第11—20位的分别是华南理工大学、中南大学、浙江大学、对外经济贸易大学、武汉大学、同济大学、中国科学院、电子科技大学、东北大学和西安理工大学，其评价得分之和占所有高等院校评价得分之和的17.0%，发表论文数量之和占论文总数的16.9%，与2014年相比，集中度均略有上升。2015年中国高等院校排前20位的高等院校评价得分之和占258所高等院校评价得分之和的43.3%，较2014年下降了1.5个百分点，发表论文数量之和占论文总数的45.1%，较2014年下降了0.8个百分点，研究力量集中度较2014年虽有所下降，但依然较高。

从排名的变化情况来看，2015年排前20位的高等院校中，同济大学、西安理工大学和中南大学是进步最大的3所，较2014年的位次分别提升了21位、20位和14位，东北大学、大连理工大学、对外经济贸易大学和重庆大学的位次较2014年均提升了10位以上（含10位），中国人民大学和中国科学院的位次较2014年均提升了5位以上（含5位）。

进一步来看，无论是2014年还是2015年，各高等院校在管理学研究力方面的差距均十分明显。一方面，排名靠后的高等院校与排名靠前的高等院校之间差距巨大。2014年和2015年管理学研究力综合指数为60以上的高等院校分别仅为9所和11所，而相应年份管理学研究力综合指数低于10的高等院校则分别为186所和187所，其中还分别包括43所和45所综合指数低于1的高等院校。另一方面，排名靠前的高等院校之间的差距也十分显著。2014年排第20位的重庆大学和2015年排第20位的西安理工大学管理学研究力综合指数分别为31.6和41.1，与相应年份排第1位的华中科技大学和大连理工大学的综合指数（均为100）存在十分明显的差距。

表5　　　2014年中国高等院校管理学研究力综合指数及排名

院校名称	2014年排名	论文数	评价得分	管理学研究力综合指数
华中科技大学	1	37.81	2.2869	100.0
南开大学	2	40.20	2.2070	96.5

续表

院校名称	2014年排名	论文数	评价得分	管理学研究力综合指数
西安交通大学	3	33.15	1.8632	81.5
南京大学	4	29.68	1.8111	79.2
中山大学	5	23.90	1.4906	65.2
西南财经大学	6	20.65	1.4838	64.9
武汉大学	7	25.63	1.4281	62.4
华南理工大学	8	26.46	1.3859	60.6
浙江大学	9	26.23	1.3744	60.1
清华大学	10	24.63	1.3520	59.1
中国人民大学	11	22.20	1.2873	56.3
东北财经大学	12	18.10	1.2060	52.7
大连理工大学	13	19.90	1.0307	45.1
电子科技大学	14	13.78	0.9672	42.3
吉林大学	15	16.70	0.9295	40.6
天津大学	16	14.63	0.9174	40.1
上海交通大学	17	13.60	0.8284	36.2
北京大学	18	13.48	0.7936	34.7
浙江工商大学	19	15.01	0.7817	34.2
重庆大学	20	12.43	0.7227	31.6
中央财经大学	21	8.10	0.7022	30.7
中国科学院	22	12.13	0.6897	30.2
中南财经政法大学	23	9.76	0.6862	30.0
哈尔滨工业大学	24	10.80	0.6853	30.0
对外经济贸易大学	25	10.20	0.6813	29.8

续表

院校名称	2014年排名	论文数	评价得分	管理学研究力综合指数
中南大学	26	10.20	0.6663	29.1
厦门大学	27	11.35	0.6563	28.7
华北电力大学	28	7.94	0.6520	28.5
复旦大学	29	12.20	0.6496	28.4
湖南大学	30	9.20	0.6282	27.5
东南大学	31	9.25	0.6250	27.3
东北大学	32	9.80	0.6222	27.2
上海财经大学	33	9.60	0.6118	26.8
北京航空航天大学	34	10.30	0.5585	24.4
合肥工业大学	35	7.31	0.5529	24.2
华东理工大学	36	8.40	0.5315	23.2
同济大学	37	8.75	0.5158	22.6
南京航空航天大学	38	7.25	0.5002	21.9
暨南大学	39	8.75	0.4870	21.3
西安理工大学	40	7.90	0.4070	17.8
南京审计大学	41	5.75	0.4021	17.6
南京理工大学	42	5.20	0.3872	16.9
江西财经大学	43	5.35	0.3776	16.5
哈尔滨工程大学	44	6.70	0.3668	16.0
西南交通大学	45	5.90	0.3566	15.6
山东大学	46	7.00	0.3540	15.5
中国社会科学院	47	6.58	0.3440	15.0
华侨大学	48	6.28	0.3437	15.0

续表

院校名称	2014年排名	论文数	评价得分	管理学研究力综合指数
苏州大学	49	6.80	0.3409	14.9
山东财经大学	50	5.23	0.3385	14.8
浙江工业大学	51	6.85	0.3249	14.2
西北工业大学	52	5.65	0.3051	13.3
杭州电子科技大学	53	5.95	0.3016	13.2
北京交通大学	54	4.18	0.3008	13.2
西安电子科技大学	55	4.35	0.3006	13.1
武汉纺织大学	56	4.06	0.2894	12.7
天津财经大学	57	3.65	0.2793	12.2
浙江财经大学	58	3.78	0.2758	12.1
广东财经大学	59	3.63	0.2676	11.7
广东外语外贸大学	60	4.30	0.2654	11.6
安徽财经大学	61	2.98	0.2638	11.5
南京财经大学	62	5.20	0.2469	10.8
深圳大学	63	4.20	0.2250	9.8
江苏大学	64	2.83	0.2246	9.8
四川大学	65	4.25	0.2209	9.7
北京邮电大学	66	4.55	0.2173	9.5
中北大学	67	2.90	0.2168	9.5
中国科学技术大学	68	4.20	0.2118	9.3
温州大学	69	3.70	0.2102	9.2
山西大学	70	3.00	0.2030	8.9
上海大学	71	4.00	0.2026	8.9

续表

院校名称	2014年排名	论文数	评价得分	管理学研究力综合指数
北京工业大学	72	3.15	0.1991	8.7
渤海大学	73	2.85	0.1969	8.6
青岛大学	74	2.45	0.1894	8.3
江苏科技大学	75	2.20	0.1892	8.3
内蒙古大学	76	2.70	0.1804	7.9
武汉理工大学	77	4.00	0.1790	7.8
广东工业大学	78	3.25	0.1786	7.8
江南大学	79	3.55	0.1776	7.8
安徽工业大学	80	2.65	0.1728	7.6
昆明理工大学	81	2.70	0.1682	7.4
郑州大学	82	2.93	0.1646	7.2
海南大学	83	2.35	0.1610	7.0
浙江师范大学	84	2.50	0.1610	7.0
中国地质大学	85	2.28	0.1548	6.8
南京邮电大学	86	2.05	0.1544	6.8
华东师范大学	87	2.85	0.1511	6.6
北京科技大学	88	3.25	0.1486	6.5
太原理工大学	89	3.15	0.1460	6.4
哈尔滨理工大学	90	2.50	0.1425	6.2
中国矿业大学	91	1.65	0.1419	6.2
扬州大学	92	1.40	0.1372	6.0
上海理工大学	93	2.40	0.1275	5.6
北京工商大学	94	2.05	0.1270	5.6

续表

院校名称	2014年排名	论文数	评价得分	管理学研究力综合指数
上海海事大学	95	2.30	0.1245	5.4
湘潭大学	96	1.93	0.1240	5.4
福州大学	97	1.70	0.1238	5.4
北京理工大学	98	2.00	0.1227	5.4
首都经济贸易大学	99	2.15	0.1187	5.2
淮海工学院	100	1.35	0.1161	5.1
安徽大学	101	1.70	0.1142	5.0
燕山大学	102	1.73	0.1087	4.8
河南工业大学	103	2.00	0.1080	4.7
上海对外经贸大学	104	2.00	0.1070	4.7
武汉工程大学	105	2.00	0.1070	4.7
重庆理工大学	106	1.40	0.1064	4.7
河北经贸大学	107	2.35	0.1046	4.6
天津理工大学	108	1.93	0.1040	4.5
中国海洋大学	109	1.00	0.0980	4.3
鲁东大学	110	1.90	0.0977	4.3
北京师范大学	111	1.30	0.0974	4.3
烟台大学	112	1.20	0.0972	4.3
东北师范大学	113	1.00	0.0970	4.2
北京联合大学	114	1.78	0.0959	4.2
山东工商学院	115	1.70	0.0918	4.0
三峡大学	116	1.00	0.0906	4.0
长沙理工大学	117	1.40	0.0903	3.9

续表

院校名称	2014年排名	论文数	评价得分	管理学研究力综合指数
黑龙江大学	118	1.35	0.0880	3.8
天津商业大学	119	1.00	0.0860	3.8
陕西科技大学	120	1.00	0.0860	3.8
大连交通大学	121	1.00	0.0860	3.8
沈阳航空航天大学	122	1.00	0.0860	3.8
广东金融学院	123	1.00	0.0860	3.8
西北大学	124	2.15	0.0851	3.7
河南大学	125	2.00	0.0850	3.7
郑州航空工业管理学院	126	2.00	0.0840	3.7
石河子大学	127	1.78	0.0836	3.7
浙江树人大学	128	2.00	0.0818	3.6
大连海事大学	129	0.95	0.0817	3.6
湖北经济学院	130	1.20	0.0801	3.5
西安邮电大学	131	1.75	0.0791	3.5
兰州大学	132	1.15	0.0791	3.5
杭州师范大学	133	2.25	0.0775	3.4
华南师范大学	134	1.70	0.0757	3.3
成都信息工程大学	135	0.80	0.0688	3.0
汕头大学	136	1.35	0.0687	3.0
华南农业大学	137	0.85	0.0683	3.0
中国石油大学	138	0.70	0.0679	3.0
江苏理工学院	139	0.85	0.0629	2.8
天津师范大学	140	1.00	0.0605	2.6

续表

院校名称	2014年排名	论文数	评价得分	管理学研究力综合指数
江苏师范大学	141	0.70	0.0602	2.6
南京工业大学	142	0.70	0.0602	2.6
湖北工业大学	143	1.15	0.0573	2.5
北京林业大学	144	1.05	0.0567	2.5
北京化工大学	145	1.00	0.0560	2.4
重庆工商大学	146	1.30	0.0546	2.4
中南民族大学	147	0.80	0.0544	2.4
湖南第一师范学院	148	1.00	0.0540	2.4
福建农林大学	149	1.00	0.0540	2.4
安庆师范学院	150	1.00	0.0540	2.4
西南大学	151	1.00	0.0540	2.4
东华大学	152	1.00	0.0540	2.4
河北工业大学	153	1.00	0.0540	2.4
中国农业大学	154	1.00	0.0540	2.4
天津工业大学	155	0.95	0.0530	2.3
辽宁大学	156	1.00	0.0530	2.3
云南财经大学	157	1.00	0.0530	2.3
湖北大学	158	1.03	0.0530	2.3
内蒙古工业大学	159	0.95	0.0513	2.2
华中农业大学	160	0.95	0.0513	2.2
山东理工大学	161	0.93	0.0500	2.2
上海师范大学	162	0.50	0.0490	2.1
上海外国语大学	163	1.10	0.0462	2.0

续表

院校名称	2014年排名	论文数	评价得分	管理学研究力综合指数
辽宁科技大学	164	0.85	0.0459	2.0
北京第二外国语学院	165	0.85	0.0459	2.0
南通大学	166	0.85	0.0456	2.0
西安工业大学	167	0.85	0.0454	2.0
首都师范大学	168	0.78	0.0441	1.9
陕西师范大学	169	1.30	0.0438	1.9
西交利物浦大学	170	0.80	0.0432	1.9
西华师范大学	171	0.50	0.0430	1.9
四川师范大学	172	1.00	0.0420	1.8
桂林理工大学	173	1.05	0.0417	1.8
宁夏大学	174	0.50	0.0403	1.8
长安大学	175	1.15	0.0394	1.7
西南政法大学	176	0.85	0.0380	1.7
广东机电职业技术学院	177	0.70	0.0378	1.7
华东政法大学	178	0.70	0.0378	1.7
南华大学	179	0.70	0.0378	1.7
青岛理工大学	180	0.70	0.0378	1.7
宁波工程学院	181	0.70	0.0378	1.7
广东技术师范学院	182	0.70	0.0371	1.6
湖南商学院	183	0.70	0.0371	1.6
黑龙江科技学院	184	0.50	0.0370	1.6
中原工学院	185	0.65	0.0351	1.5
湖南工业大学	186	0.35	0.0340	1.5

续表

院校名称	2014年排名	论文数	评价得分	管理学研究力综合指数
东北林业大学	187	0.80	0.0336	1.5
浙江理工大学	188	0.75	0.0335	1.5
青海民族大学	189	0.33	0.0327	1.4
宁波大红鹰学院	190	1.00	0.0310	1.4
台州学院	191	1.00	0.0310	1.4
西安财经学院	192	0.35	0.0301	1.3
桂林电子科技大学	193	0.35	0.0301	1.3
湖北工业职业技术学院	194	0.35	0.0301	1.3
安徽农业大学	195	0.35	0.0301	1.3
五邑大学	196	0.70	0.0294	1.3
北京物资学院	197	0.30	0.0294	1.3
广州大学	198	0.30	0.0294	1.3
中国人民公安大学	199	0.30	0.0291	1.3
华北水利水电大学	200	0.50	0.0270	1.2
南京工程学院	201	0.35	0.0259	1.1
临沂大学	202	0.35	0.0259	1.1
山西农业大学	203	0.30	0.0258	1.1
常州大学	204	0.30	0.0258	1.1
黄冈师范学院	205	0.45	0.0243	1.1
岭南师范学院	206	0.70	0.0217	0.9
广东科学技术职业学院	207	0.70	0.0217	0.9
广州工商职业技术学院	208	0.70	0.0217	0.9
南京特殊教育师范学院	209	0.35	0.0189	0.8

续表

院校名称	2014年排名	论文数	评价得分	管理学研究力综合指数
沈阳大学	210	0.35	0.0189	0.8
成都理工大学	211	0.35	0.0189	0.8
河南财经政法大学	212	0.35	0.0189	0.8
湖南财政经济学院	213	0.35	0.0189	0.8
中南林业科技大学	214	0.35	0.0189	0.8
中欧国际工商学院	215	0.31	0.0165	0.7
四川农业大学	216	0.30	0.0162	0.7
辽宁工程技术大学	217	0.30	0.0162	0.7
重庆邮电大学	218	0.50	0.0155	0.7
浙江农林大学	219	0.35	0.0147	0.6
北方工业大学	220	0.15	0.0146	0.6
河北联合大学	221	0.20	0.0143	0.6
东北石油大学	222	0.23	0.0137	0.6
广西民族大学	223	0.30	0.0131	0.6
北京吉利学院	224	0.15	0.0129	0.6
齐鲁工业大学	225	0.15	0.0129	0.6
江苏省行政学院	226	0.15	0.0129	0.6
上海立信会计学院	227	0.30	0.0093	0.4
哈尔滨商业大学	228	0.30	0.0093	0.4
广西师范大学	229	0.30	0.0093	0.4
南京师范大学	230	0.15	0.0084	0.4
东北农业大学	231	0.15	0.0081	0.4
安徽师范大学	232	0.15	0.0081	0.4

续表

院校名称	2014年排名	论文数	评价得分	管理学研究力综合指数
义乌工商学院	233	0.15	0.0081	0.4
宁波大学	234	0.15	0.0081	0.4
上海应用技术学院	235	0.15	0.0080	0.3
四川行政学院	236	0.08	0.0065	0.3
闽南理工学院	237	0.15	0.0063	0.3
西北师范大学	238	0.10	0.0054	0.2
天津外国语大学	239	0.10	0.0054	0.2
江西农业大学	240	0.10	0.0053	0.2
浙江万里学院	241	0.15	0.0047	0.2
东莞理工学院	242	0.15	0.0047	0.2
山东科技大学	243	0.05	0.0043	0.2
山东青年政治学院	244	0.08	0.0043	0.2
武汉科技大学	245	0.10	0.0042	0.2
湖南女子学院	246	0.08	0.0041	0.2
中国传媒大学	247	0.08	0.0040	0.2
滁州学院	248	0.04	0.0032	0.1

注：在样本期间（2014—2015），在本研究涉及的高等院校中，南京审计学院更名为南京审计大学，成都信息工程学院更名为成都信息工程大学，湛江师范学院更名为岭南师范学院。为了叙述的方便，本研究统一采用新名称，下文不再具体说明。

表6　2015年中国高等院校管理学研究力综合指数及排名

院校名称	2015年排名	上年排名	论文数	评价得分	管理学研究力综合指数
大连理工大学	1	13	33.38	1.7201	100.0
华中科技大学	2	1	32.80	1.6659	96.8
中国人民大学	3	11	32.28	1.5085	87.7
南开大学	4	2	34.81	1.4486	84.2
西安交通大学	5	3	28.64	1.4364	83.5
南京大学	6	4	26.20	1.2078	70.2
西南财经大学	7	6	23.50	1.2008	69.8
清华大学	8	10	20.45	1.1035	64.2
中山大学	9	5	25.35	1.0893	63.3
重庆大学	10	20	16.90	1.0694	62.2
华南理工大学	11	8	23.03	1.0417	60.6
中南大学	12	26	16.38	0.9901	57.6
浙江大学	13	9	18.31	0.9617	55.9
对外经济贸易大学	14	25	17.65	0.8919	51.8
武汉大学	15	7	19.43	0.8887	51.7
同济大学	16	37	15.75	0.8646	50.3
中国科学院	17	22	13.45	0.8115	47.2
电子科技大学	18	14	13.30	0.7903	45.9
东北大学	19	32	14.20	0.7253	42.2
西安理工大学	20	40	12.88	0.7074	41.1
东北财经大学	21	12	13.93	0.6803	39.5
合肥工业大学	22	35	9.73	0.6640	38.6

续表

院校名称	2015年排名	上年排名	论文数	评价得分	管理学研究力综合指数
湖南大学	23	30	12.74	0.6166	35.8
暨南大学	24	39	12.08	0.5808	33.8
中国科学技术大学	25	68	9.83	0.5754	33.4
东南大学	26	31	9.30	0.5657	32.9
四川大学	27	65	10.08	0.5562	32.3
上海交通大学	28	17	10.18	0.5319	30.9
上海财经大学	29	33	9.08	0.5190	30.2
上海大学	30	71	9.60	0.5128	29.8
中南财经政法大学	31	23	9.03	0.5082	29.5
哈尔滨工业大学	32	24	11.20	0.4891	28.4
天津大学	33	16	8.90	0.4814	28.0
北京大学	34	18	9.45	0.4789	27.8
北京理工大学	35	98	6.93	0.4470	26.0
中央财经大学	36	21	8.68	0.4436	25.8
吉林大学	37	15	8.73	0.4302	25.0
浙江工商大学	38	19	7.75	0.4249	24.7
华东理工大学	39	36	7.40	0.4225	24.6
北京航空航天大学	40	34	7.65	0.4170	24.2
浙江工业大学	41	51	7.43	0.4145	24.1
复旦大学	42	29	7.70	0.4093	23.8
华北电力大学	43	28	5.55	0.3917	22.8
西南交通大学	44	45	6.60	0.3798	22.1
福州大学	45	97	6.75	0.3541	20.6

续表

院校名称	2015年排名	上年排名	论文数	评价得分	管理学研究力综合指数
山东大学	46	46	6.15	0.3470	20.2
厦门大学	47	27	6.20	0.3377	19.6
西北工业大学	48	52	6.53	0.3367	19.6
北京邮电大学	49	66	5.75	0.3298	19.2
北京科技大学	50	88	4.25	0.2793	16.2
南京理工大学	51	42	4.55	0.2655	15.4
哈尔滨工程大学	52	44	4.20	0.2632	15.3
天津理工大学	53	108	4.25	0.2582	15.0
北京交通大学	54	54	4.15	0.2516	14.6
南京航空航天大学	55	38	4.58	0.2453	14.3
中国矿业大学	56	91	3.58	0.2436	14.2
天津工业大学	57	155	4.05	0.2379	13.8
山西财经大学	58	—	4.00	0.2280	13.3
上海对外经贸大学	59	104	4.40	0.2230	13.0
广东工业大学	60	78	4.20	0.2124	12.3
云南财经大学	61	157	3.85	0.2103	12.2
兰州大学	62	132	4.05	0.2010	11.7
浙江财经大学	63	58	4.20	0.1995	11.6
大连海事大学	64	129	3.10	0.1949	11.3
上海海事大学	65	95	2.70	0.1939	11.3
重庆工商大学	66	146	4.00	0.1932	11.2
首都经济贸易大学	67	99	3.38	0.1887	11.0
北京工商大学	68	94	4.20	0.1870	10.9

续表

院校名称	2015年排名	上年排名	论文数	评价得分	管理学研究力综合指数
武汉纺织大学	69	56	2.85	0.1800	10.5
北方工业大学	70	220	2.93	0.1767	10.3
安徽工业大学	71	80	3.05	0.1715	10.0
辽宁工业大学	72	—	2.80	0.1652	9.6
江苏大学	73	64	2.45	0.1651	9.6
中国社会科学院	74	47	3.35	0.1599	9.3
浙江师范大学	75	84	2.05	0.1595	9.3
北京信息科技大学	76	—	2.70	0.1589	9.2
广东财经大学	77	59	3.05	0.1551	9.0
中国地质大学	78	85	2.70	0.1540	9.0
西北大学	79	124	3.00	0.1530	8.9
华侨大学	80	48	3.70	0.1525	8.9
天津财经大学	81	57	2.98	0.1517	8.8
东华大学	82	152	2.70	0.1500	8.7
杭州电子科技大学	83	53	3.00	0.1490	8.7
深圳大学	84	63	3.10	0.1489	8.7
山西大学	85	70	2.70	0.1477	8.6
武汉理工大学	86	77	3.65	0.1404	8.2
温州大学	87	69	2.35	0.1387	8.1
江苏科技大学	88	75	2.08	0.1375	8.0
安徽财经大学	89	61	3.05	0.1369	8.0
重庆邮电大学	90	218	1.85	0.1351	7.9
中国海洋大学	91	109	2.70	0.1350	7.8

续表

院校名称	2015年排名	上年排名	论文数	评价得分	管理学研究力综合指数
苏州大学	92	49	2.25	0.1326	7.7
华中师范大学	93	—	2.45	0.1321	7.7
山东财经大学	94	50	2.35	0.1321	7.7
湘潭大学	95	96	2.20	0.1308	7.6
燕山大学	96	102	2.53	0.1230	7.1
昆明理工大学	97	81	2.05	0.1193	6.9
重庆理工大学	98	106	2.15	0.1179	6.9
南昌大学	99	—	1.70	0.1139	6.6
河海大学	100	—	2.00	0.1136	6.6
宁波大学	101	234	1.68	0.1122	6.5
湖北大学	102	158	2.10	0.1106	6.4
华东师范大学	103	87	1.63	0.1081	6.3
江南大学	104	79	1.90	0.1075	6.2
郑州大学	105	82	1.65	0.1049	6.1
汕头大学	106	136	2.00	0.1040	6.0
石河子大学	107	127	1.85	0.0990	5.8
安徽大学	108	101	2.40	0.0986	5.7
武汉科技大学	109	245	1.40	0.0973	5.7
西南大学	110	151	1.70	0.0940	5.5
浙江万里学院	111	241	1.50	0.0913	5.3
杭州师范大学	112	133	1.55	0.0911	5.3
河北经贸大学	113	107	2.00	0.0900	5.2
华南师范大学	114	134	2.25	0.0896	5.2

续表

院校名称	2015年排名	上年排名	论文数	评价得分	管理学研究力综合指数
江西财经大学	115	43	1.50	0.0890	5.2
西南石油大学	116	—	1.20	0.0883	5.1
广西科技大学	117	—	1.85	0.0880	5.1
广东金融学院	118	123	1.85	0.0875	5.1
上海理工大学	119	93	1.35	0.0849	4.9
青岛大学	120	74	1.30	0.0847	4.9
桂林电子科技大学	121	193	1.15	0.0819	4.8
西南政法大学	122	176	2.05	0.0789	4.6
湖南师范大学	123	—	1.10	0.0770	4.5
南京工程学院	124	201	1.70	0.0765	4.4
华东交通大学	125	—	1.93	0.0739	4.3
南京财经大学	126	62	1.35	0.0738	4.3
沈阳工业大学	127	—	1.15	0.0730	4.2
郑州航空工业管理学院	128	126	1.00	0.0730	4.2
曲阜师范大学	129	—	1.00	0.0730	4.2
烟台大学	130	112	1.00	0.0730	4.2
长沙理工大学	131	117	1.00	0.0730	4.2
山东工商学院	132	115	1.58	0.0730	4.2
武汉工程大学	133	105	2.30	0.0713	4.1
哈尔滨理工大学	134	90	1.20	0.0652	3.8
北京化工大学	135	145	1.15	0.0637	3.7
浙江树人大学	136	128	1.40	0.0630	3.7
湖南农业大学	137	—	1.08	0.0627	3.6

续表

院校名称	2015年排名	上年排名	论文数	评价得分	管理学研究力综合指数
湖北工业大学	138	143	1.00	0.0623	3.6
海南大学	139	83	1.65	0.0616	3.6
上海立信会计学院	140	227	1.70	0.0590	3.4
深圳职业技术学院	141	—	1.00	0.0590	3.4
西安工程大学	142	—	1.00	0.0590	3.4
哈尔滨商业大学	143	228	1.20	0.0589	3.4
西安电子科技大学	144	55	1.19	0.0561	3.3
西南民族大学	145	—	1.20	0.0540	3.1
山东理工大学	146	161	0.80	0.0536	3.1
辽宁大学	147	156	1.50	0.0528	3.1
哈尔滨师范大学	148	—	1.05	0.0522	3.0
南京审计大学	149	41	0.80	0.0516	3.0
上海海关学院	150	—	0.70	0.0511	3.0
中国石油大学	151	138	0.70	0.0511	3.0
山东青年政治学院	152	244	0.70	0.0511	3.0
河南财经政法大学	153	212	1.00	0.0500	2.9
广东外语外贸大学	154	60	1.30	0.0487	2.8
贵州财经大学	155	—	1.40	0.0483	2.8
华中农业大学	156	160	1.55	0.0481	2.8
华南农业大学	157	137	0.70	0.0469	2.7
南通大学	158	166	0.70	0.0469	2.7
福建农林大学	159	149	0.70	0.0469	2.7
四川农业大学	160	216	1.00	0.0450	2.6

续表

院校名称	2015年排名	上年排名	论文数	评价得分	管理学研究力综合指数
上海师范大学	161	162	1.45	0.0450	2.6
广州大学	162	198	0.70	0.0445	2.6
四川师范大学	163	172	0.60	0.0435	2.5
北京工业大学	164	72	1.10	0.0425	2.5
西安外国语大学	165	—	0.70	0.0413	2.4
四川外国语大学	166	—	0.70	0.0413	2.4
广东交通职业技术学院	167	—	0.70	0.0413	2.4
苏州科技学院	168	—	0.70	0.0413	2.4
大连外国语大学	169	—	0.70	0.0413	2.4
中南林业科技大学	170	214	0.70	0.0413	2.4
宜春学院	171	—	1.00	0.0400	2.3
北京农学院	172	—	1.00	0.0400	2.3
浙江商业职业技术学院	173	—	1.00	0.0400	2.3
江汉大学	174	—	0.50	0.0400	2.3
广西师范大学	175	229	1.08	0.0389	2.3
南京农业大学	176	—	0.75	0.0386	2.2
陕西师范大学	177	169	0.65	0.0384	2.2
常州大学	178	204	0.80	0.0360	2.1
浙江农林大学	179	219	0.60	0.0354	2.1
重庆交通大学	180	—	0.50	0.0344	2.0
南京邮电大学	181	86	0.70	0.0343	2.0
浙江行政学院	182	—	0.50	0.0335	1.9
三峡大学	183	116	0.50	0.0326	1.9

续表

院校名称	2015年排名	上年排名	论文数	评价得分	管理学研究力综合指数
湖北经济学院	184	130	0.50	0.0326	1.9
西交利物浦大学	185	170	1.03	0.0325	1.9
台州学院	186	191	0.70	0.0315	1.8
北京第二外国语学院	187	165	0.60	0.0311	1.8
浙江外国语学院	188	—	1.00	0.0310	1.8
东北师范大学	189	113	1.00	0.0310	1.8
沈阳师范大学	190	—	1.00	0.0310	1.8
东莞职业技术学院	191	—	0.50	0.0295	1.7
南昌工程学院	192	—	0.35	0.0280	1.6
北京联合大学	193	114	0.35	0.0280	1.6
长江大学	194	—	0.85	0.0264	1.5
重庆师范大学	195	—	0.50	0.0260	1.5
绍兴文理学院	196	—	0.35	0.0256	1.5
石家庄经济学院	197	—	0.35	0.0256	1.5
东北石油大学	198	222	0.50	0.0245	1.4
中国刑事警察学院	199	—	0.35	0.0235	1.4
新华都商学院	200	—	0.35	0.0235	1.4
湖北汽车工业学院	201	—	0.35	0.0235	1.4
上海外国语大学	202	163	0.35	0.0235	1.4
琼州学院	203	—	0.35	0.0235	1.4
内蒙古农业大学	204	—	0.35	0.0235	1.4
武汉工商学院	205	—	0.55	0.0234	1.4
成都信息工程大学	206	135	0.33	0.0219	1.3

续表

院校名称	2015年排名	上年排名	论文数	评价得分	管理学研究力综合指数
北京石油化工学院	207	—	0.70	0.0217	1.3
太原理工大学	208	89	0.35	0.0207	1.2
西安工业大学	209	167	0.35	0.0207	1.2
浙江理工大学	210	188	0.35	0.0207	1.2
江西师范大学	211	—	0.43	0.0195	1.1
首都师范大学	212	168	0.30	0.0177	1.0
盐城工学院	213	—	0.35	0.0172	1.0
武汉东湖学院	214	—	0.50	0.0155	0.9
辽宁对外经贸学院	215	—	0.50	0.0155	0.9
中原工学院	216	185	0.50	0.0155	0.9
贵州大学	217	—	0.45	0.0153	0.9
内蒙古大学	218	76	0.30	0.0150	0.9
青岛农业大学	219	—	0.30	0.0150	0.9
黑龙江外国语学院	220	—	0.20	0.0146	0.8
重庆科技学院	221	—	0.35	0.0140	0.8
北京师范大学	222	111	0.23	0.0139	0.8
中欧国际工商学院	223	215	0.23	0.0134	0.8
太原科技大学	224	—	0.20	0.0118	0.7
广东第二师范学院	225	—	0.35	0.0109	0.6
长沙学院	226	—	0.35	0.0109	0.6
安徽电子信息职业技术学院	227	—	0.15	0.0101	0.6
上海工程技术大学	228	—	0.15	0.0101	0.6
空军工程大学	229	—	0.15	0.0089	0.5

续表

院校名称	2015年排名	上年排名	论文数	评价得分	管理学研究力综合指数
西安石油大学	230	—	0.15	0.0089	0.5
成都中医药大学	231	—	0.15	0.0089	0.5
江西应用技术职业学院	232	—	0.15	0.0074	0.4
中国人民公安大学	233	199	0.15	0.0074	0.4
福建师范大学	234	—	0.10	0.0073	0.4
沈阳工程学院	235	—	0.10	0.0067	0.4
淮阴工学院	236	—	0.10	0.0067	0.4
江苏开放大学	237	—	0.10	0.0067	0.4
重庆文理学院	238	—	0.20	0.0062	0.4
河南大学	239	125	0.15	0.0060	0.3
中国计量学院	240	—	0.15	0.0060	0.3
北京印刷学院	241	—	0.10	0.0059	0.3
天津外国语大学	242	239	0.10	0.0059	0.3
西北师范大学	243	238	0.10	0.0049	0.3
上海政法学院	244	—	0.10	0.0047	0.3
吉首大学	245	—	0.15	0.0047	0.3
重庆三峡学院	246	—	0.15	0.0047	0.3
辽宁理工学院	247	—	0.10	0.0045	0.3
大连工业大学	248	—	0.08	0.0044	0.3
北京外国语大学	249	—	0.08	0.0044	0.3
大庆师范学院	250	—	0.08	0.0044	0.3
西安财经学院	251	192	0.08	0.0044	0.3
广东培正学院	252	—	0.08	0.0037	0.2

续表

院校名称	2015年排名	上年排名	论文数	评价得分	管理学研究力综合指数
蚌埠学院	253	—	0.05	0.0037	0.2
集美大学	254	—	0.10	0.0031	0.2
宁夏大学	255	174	0.08	0.0030	0.2
西华师范大学	256	171	0.04	0.0022	0.1
浙江科技学院	257	—	0.04	0.0022	0.1
武汉轻工大学	258	—	0.04	0.0012	0.1

我们已对中国高等院校管理学研究力的情况进行了4年评价研究[①]，这里对这4年的数据进行一些简单回顾。在这4年中发表过管理学研究论文的中国高等院校一共有385所，共发表管理学论文3153.5篇（640.8+563.2+976.1+973.4）。但4年来每年都有管理学研究论文发表的高等院校仅有102所，占26.5%，它们所发表的管理学研究论文有2698.3篇，占85.6%。这102所高等院校，可以被认为是管理学研究的主力。即使不能每年都有论文发表，但这4年合计发表管理学论

---

① 进行评价研究的这4年分别是2012年、2013年、2014年和2015年。2012—2013年的情况详见王钦、肖红军、张小宁《中国高等院校管理学研究力评价报告（2012—2013）》，中国社会科学出版社2015年版。

文4篇（平均每年1篇）以上，也可以被认为是管理学研究的主力。两者相加共132所，它们共发表管理学论文2874.1篇，占这4年论文总数的91.1%。表7是这些高等院校的一个列表，按评价得分排序。由此可以得到一个判断，就是在所有发表过管理学论文的高等院校中，超过一半的高等院校只是偶然发表论文，只有约1/3的高等院校是在持续地进行管理学研究。

表7 2012—2015年每年均有论文或平均每年有1篇以上论文发表的中国高等院校管理学研究力综合指数及排名

院校名称	4年排名	4年论文数	4年评价得分	4年管理学研究力综合指数
南开大学	1	128.81	6.6543	100.0
华中科技大学	2	105.91	6.2987	94.7
中国人民大学	3	92.78	5.2720	79.2
西安交通大学	4	90.53	4.8199	72.4
南京大学	5	87.44	4.7151	70.9
中山大学	6	83.93	4.5853	68.9
清华大学	7	73.10	4.3584	65.5
武汉大学	8	77.01	4.0769	61.3
西南财经大学	9	61.73	3.8288	57.5
大连理工大学	10	72.08	3.7253	56.0

续表

院校名称	4年排名	4年论文数	4年评价得分	4年管理学研究力综合指数
东北财经大学	11	57.30	3.2547	48.9
浙江大学	12	69.94	3.1642	47.6
电子科技大学	13	49.48	2.9960	45.0
华南理工大学	14	64.34	2.9220	43.9
重庆大学	15	55.14	2.9215	43.9
北京大学	16	49.73	2.9018	43.6
对外经济贸易大学	17	43.80	2.5410	38.2
暨南大学	18	41.73	2.3700	35.6
中央财经大学	19	36.93	2.3380	35.1
上海财经大学	20	44.28	2.3240	34.9
哈尔滨工业大学	21	39.30	2.3018	34.6
中南大学	22	37.93	2.2796	34.3
吉林大学	23	45.58	2.1781	32.7
厦门大学	24	39.05	2.1769	32.7
中南财经政法大学	25	36.78	2.1263	32.0
复旦大学	26	38.70	2.1215	31.9
同济大学	27	40.43	1.9441	29.2
东北大学	28	33.15	1.8799	28.3
浙江工商大学	29	38.31	1.8032	27.1
天津大学	30	32.93	1.7446	26.2
上海交通大学	31	32.28	1.7030	25.6
湖南大学	32	28.74	1.6818	25.3
东南大学	33	28.63	1.6642	25.0

续表

院校名称	4年排名	4年论文数	4年评价得分	4年管理学研究力综合指数
中国科学院	34	30.89	1.6353	24.6
合肥工业大学	35	24.46	1.5316	23.0
北京航空航天大学	36	26.20	1.4964	22.5
四川大学	37	29.75	1.4635	22.0
山东大学	38	33.30	1.3606	20.4
华东理工大学	39	22.88	1.2816	19.3
中国科学技术大学	40	26.48	1.2459	18.7
西安理工大学	41	24.28	1.2349	18.6
南京航空航天大学	42	23.20	1.1775	17.7
华北电力大学	43	14.99	1.1542	17.3
上海大学	44	19.70	1.1114	16.7
西南交通大学	45	21.70	1.1104	16.7
哈尔滨工程大学	46	23.60	1.0594	15.9
浙江工业大学	47	21.73	1.0490	15.8
北京理工大学	48	15.88	0.9811	14.7
北京交通大学	49	14.53	0.9521	14.3
西北工业大学	50	18.03	0.9399	14.1
中国社会科学院	51	22.05	0.8718	13.1
南京理工大学	52	13.18	0.8177	12.3
山东财经大学	53	13.70	0.8138	12.2
北京工商大学	54	12.25	0.8051	12.1
福州大学	55	14.80	0.7402	11.1
江西财经大学	56	13.60	0.7307	11.0

续表

院校名称	4年排名	4年论文数	4年评价得分	4年管理学研究力综合指数
南京审计大学	57	10.68	0.7219	10.8
浙江财经大学	58	12.83	0.7131	10.7
北京邮电大学	59	14.15	0.6958	10.5
苏州大学	60	13.55	0.6867	10.3
华侨大学	61	15.53	0.6845	10.3
天津财经大学	62	10.38	0.6397	9.6
安徽财经大学	63	11.88	0.6288	9.4
江苏大学	64	9.43	0.5885	8.8
首都经济贸易大学	65	9.73	0.5874	8.8
南京财经大学	66	9.93	0.5784	8.7
中国地质大学	67	10.78	0.5750	8.6
杭州电子科技大学	68	12.80	0.5714	8.6
广东外语外贸大学	69	9.65	0.5472	8.2
广东财经大学	70	9.73	0.5326	8.0
武汉理工大学	71	16.35	0.5318	8.0
山西大学	72	7.70	0.5317	8.0
安徽工业大学	73	8.65	0.4835	7.3
天津理工大学	74	8.65	0.4800	7.2
中国矿业大学	75	7.28	0.4795	7.2
北京科技大学	76	9.20	0.4781	7.2
武汉纺织大学	77	6.91	0.4694	7.1
长沙理工大学	78	6.50	0.4528	6.8
上海海事大学	79	7.65	0.4522	6.8

续表

院校名称	4年排名	4年论文数	4年评价得分	4年管理学研究力综合指数
江苏科技大学	80	6.28	0.4437	6.7
中国海洋大学	81	7.70	0.4260	6.4
天津工业大学	82	7.40	0.4246	6.4
深圳大学	83	9.30	0.4219	6.3
西安电子科技大学	84	8.14	0.4101	6.2
安徽大学	85	8.30	0.4100	6.2
广东工业大学	86	8.30	0.4069	6.1
华东师范大学	87	6.33	0.4065	6.1
江南大学	88	7.80	0.3958	5.9
上海对外经贸大学	89	7.40	0.3890	5.8
温州大学	90	7.55	0.3889	5.8
浙江师范大学	91	6.25	0.3852	5.8
云南财经大学	92	5.95	0.3746	5.6
重庆工商大学	93	9.00	0.3629	5.5
西北大学	94	7.15	0.3461	5.2
兰州大学	95	6.78	0.3400	5.1
青岛大学	96	5.90	0.3270	4.9
重庆理工大学	97	4.90	0.3184	4.8
昆明理工大学	98	5.95	0.3139	4.7
北京工业大学	99	7.25	0.3096	4.7
郑州大学	100	5.73	0.3000	4.5
湘潭大学	101	5.13	0.2968	4.5
北京师范大学	102	4.08	0.2958	4.4

续表

院校名称	4年排名	4年论文数	4年评价得分	4年管理学研究力综合指数
汕头大学	103	5.85	0.2936	4.4
山西财经大学	104	6.85	0.2913	4.4
北方工业大学	105	5.33	0.2841	4.3
上海立信会计学院	106	4.50	0.2818	4.2
华南师范大学	107	6.50	0.2788	4.2
河北经贸大学	108	5.35	0.2776	4.2
大连海事大学	109	4.05	0.2766	4.2
燕山大学	110	5.40	0.2713	4.1
杭州师范大学	111	5.10	0.2605	3.9
广西大学	112	5.85	0.2532	3.8
河海大学	113	4.40	0.2409	3.6
南京工业大学	114	5.15	0.2407	3.6
内蒙古大学	115	4.00	0.2357	3.5
哈尔滨理工大学	116	4.70	0.2297	3.5
河南财经政法大学	117	6.30	0.2247	3.4
海南大学	118	4.00	0.2226	3.3
东华大学	119	4.00	0.2097	3.2
三峡大学	120	2.90	0.2038	3.1
太原理工大学	121	4.50	0.1966	3.0
武汉工程大学	122	4.53	0.1941	2.9
郑州航空工业管理学院	123	4.00	0.1870	2.8
华南农业大学	124	3.55	0.1852	2.8
华中师范大学	125	4.45	0.1851	2.8

续表

院校名称	4年排名	4年论文数	4年评价得分	4年管理学研究力综合指数
辽宁大学	126	4.50	0.1708	2.6
浙江树人大学	127	4.40	0.1618	2.4
内蒙古工业大学	128	5.50	0.1582	2.4
浙江理工大学	129	3.40	0.1380	2.1
南京信息工程大学	130	4.00	0.1231	1.8
中欧国际工商学院	131	1.39	0.1107	1.7
台州学院	132	2.20	0.0767	1.2

三 中国高等院校工商管理研究力综合指数与排名分析

除对整个管理学研究力进行评价外，我们还分别就中国高等院校工商管理和管理科学与工程的研究力进行评价。根据中国高等院校工商管理研究力综合指数的测算结果，在我们所选择的12种期刊中，2014年和2015年工商管理论文数量分别为734篇和693篇，占所选择的管理学论文数量（1012篇和1009篇）的比例分别为72.5%和68.7%，这说明工商管理是管理学的主要研究领域。

2014年的734篇工商管理论文和2015年的693篇工商管理论文,按作者权重分配到高等院校,分别为703.9篇和664.0篇,涉及的高等院校数量分别为209所和221所。

2014年,中国高等院校工商管理研究力排前10位的分别是南开大学、南京大学、武汉大学、中国人民大学、浙江大学、清华大学、西南财经大学、东北财经大学、西安交通大学和华中科技大学(见表8),与该年管理学研究力的前10位高等院校名单出入很小(8所院校一致)。这些排在工商管理研究力前10位的高等院校的评价得分之和占所有高等院校工商管理研究力评价得分之和的31.3%,发表论文数量之和占高等院校工商管理论文总数的30.8%,二者均略高于管理学研究力情形中相对应的比重。排第11—20位的高等院校分别是华南理工大学、中山大学、吉林大学、大连理工大学、北京大学、对外经济贸易大学、浙江工商大学、厦门大学、中央财经大学和中南财经政法大学,其评价得分之和占所有高等院校评价得分之和的18.6%,发表论文数量之和占工商管理论文总数的18.1%,二者均略高于管理学研究力情形中相对应的比重。由此可见，2014年中国高等院校工商管理研究力量集中度也较高，排前20位的高等院校评价得分之和占所有高等院校评价得分之和的49.9%，发表论文数量之和占工商管理论文总数的48.9%，二者均略高于管理学研究力情形中相对应的比重。

2015年中国高等院校工商管理研究力排在前10位的分别是中国人民大学、西南财经大学、大连理工大学、南开大学、南京大学、西安交通大学、中山大学、对外经济贸易大学、浙江大学和清华大学（见表9），与该年管理学研究力的前10位高等院校名单出入很小（8所院校一致）。这些排在工商管理研究力前10位的高等院校的评价得分之和占所有高等院校评价得分之和的31.4%，发表论文数量之和占工商管理论文总数的32.0%，二者均高于管理学研究力情形中相对应的比重，与2014年相应比重基本相同。排第11—20位的分别是华中科技大学、华南理工大学、武汉大学、同济大学、暨南大学、东北财经大学、中国科学院、西安理工大学、哈尔滨工业大学和北京大学，其评价得分之和占所有高等院校评价得分之和的17.0%，发表论文数量之和占工商管理论文总数的17.5%，与2014年相应比重基本一致。综合来看，2015年中国高等院校工商管理研究力排前20位的高等院校评价得分之和占所有高等院校评价得分之和的48.4%，较2014年下降了1.5个百分点，发表论文数量之和占工商管理论文总数的49.5%，较2014年上升了0.6个百分点，但二者均高于管理学研究力情形中相对应的比重。

从排名变化情况来看，2015年工商管理研究力排前20位的高等院校中，同济大学、西安理工大学、暨南大学和大连理工大学进步十分明显，较2014年的位次分别提升了37位、18位、12位和11位；对外经济贸易大学、西南财经大学、中山大学、中国科学院和哈尔滨工业大学2015年的位次较上年也分别提升了8位、5位、5位、5位和5位。武汉大学和东北财经大学的位次较2014年有了明显下降，分别由2014年的第3位和第8位下降至2015年的第13位和第16位；北京大学、浙江大学和清华大学也分别下降了5位、4位和4位。

与管理学研究力的情况类似，无论是2014年还是2015年，各高等院校在工商管理研究力方面的差距均十分明显。一方面，排名靠后的高等院校与排名靠前的高等院校之间差距巨大。南开大学在2014年排名第一，中国人民大学在 2015 年排名第一，它们的工商管理研究力综合指数都是 100，而相应年份工商管理研究力综合指数低于 10 的高等院校分别有 150 所和 152 所，其中还分别包括 28 所和 40 所指数低于 1 的高等院校。另一方面，排名靠前的高等院校之间也存在一定的差距。2014 年排第 20 位的中南财经政法大学和 2015 年排第 20 位的北京大学工商管理研究力综合指数分别为 30.8 和 32.8，与相应年份排第 1 位的南开大学和中国人民大学的综合指数（均为 100）存在十分明显的差距。

表 8　　2014 年中国高等院校工商管理研究力综合指数及排名

院校名称	2014 年排名	论文数	评价得分	工商管理研究力综合指数
南开大学	1	32.30	1.6834	100.0
南京大学	2	21.51	1.2590	74.8
武汉大学	3	22.23	1.1995	71.3
中国人民大学	4	20.45	1.1911	70.8
浙江大学	5	23.20	1.1602	68.9
清华大学	6	22.20	1.1520	68.4
西南财经大学	7	16.30	1.1217	66.6
东北财经大学	8	16.70	1.1126	66.1

续表

院校名称	2014年排名	论文数	评价得分	工商管理研究力综合指数
西安交通大学	9	20.80	1.0908	64.8
华中科技大学	10	21.03	1.0737	63.8
华南理工大学	11	21.70	1.0552	62.7
中山大学	12	16.40	0.9582	56.9
吉林大学	13	16.70	0.9295	55.2
大连理工大学	14	15.10	0.7149	42.5
北京大学	15	11.88	0.6737	40.0
对外经济贸易大学	16	9.50	0.6421	38.1
浙江工商大学	17	12.71	0.5926	35.2
厦门大学	18	9.35	0.5453	32.4
中央财经大学	19	6.00	0.5216	31.0
中南财经政法大学	20	7.81	0.5185	30.8
上海财经大学	21	7.60	0.4688	27.8
中国科学院	22	9.58	0.4623	27.5
中南大学	23	7.55	0.4600	27.3
哈尔滨工业大学	24	7.65	0.4583	27.2
复旦大学	25	8.65	0.4444	26.4
上海交通大学	26	8.40	0.4232	25.1
暨南大学	27	7.75	0.4130	24.5
东南大学	28	6.25	0.3868	23.0
山东大学	29	7.00	0.3540	21.0
重庆大学	30	7.20	0.3449	20.5
中国社会科学院	31	6.58	0.3440	20.4

续表

院校名称	2014年排名	论文数	评价得分	工商管理研究力综合指数
苏州大学	32	6.80	0.3409	20.3
湖南大学	33	5.50	0.3400	20.2
江西财经大学	34	4.50	0.3300	19.6
北京航空航天大学	35	6.30	0.3087	18.3
西安理工大学	36	6.25	0.2951	17.5
北京交通大学	37	4.03	0.2923	17.4
天津大学	38	5.55	0.2842	16.9
浙江财经大学	39	3.78	0.2758	16.4
东北大学	40	4.65	0.2711	16.1
安徽财经大学	41	2.98	0.2638	15.7
广东财经大学	42	3.55	0.2611	15.5
华侨大学	43	4.98	0.2406	14.3
浙江工业大学	44	5.85	0.2389	14.2
山东财经大学	45	3.93	0.2357	14.0
深圳大学	46	4.20	0.2250	13.4
南京审计大学	47	3.28	0.2209	13.1
杭州电子科技大学	48	4.95	0.2156	12.8
广东外语外贸大学	49	3.60	0.2136	12.7
华东理工大学	50	4.40	0.2085	12.4
同济大学	51	4.75	0.2018	12.0
哈尔滨工程大学	52	3.85	0.1985	11.8
南京财经大学	53	4.35	0.1984	11.8
渤海大学	54	2.85	0.1969	11.7

续表

院校名称	2014年排名	论文数	评价得分	工商管理研究力综合指数
电子科技大学	55	4.18	0.1946	11.6
内蒙古大学	56	2.70	0.1804	10.7
上海大学	57	3.70	0.1768	10.5
南京理工大学	58	2.35	0.1709	10.2
中国科学技术大学	59	3.70	0.1688	10.0
南京航空航天大学	60	3.00	0.1620	9.6
江苏大学	61	1.83	0.1596	9.5
北京邮电大学	62	3.40	0.1522	9.0
温州大学	63	3.00	0.1500	8.9
西北工业大学	64	3.15	0.1471	8.7
太原理工大学	65	3.15	0.1460	8.7
天津财经大学	66	1.80	0.1448	8.6
四川大学	67	3.00	0.1380	8.2
扬州大学	68	1.40	0.1372	8.2
武汉理工大学	69	3.50	0.1360	8.1
南京邮电大学	70	1.70	0.1348	8.0
上海理工大学	71	2.40	0.1275	7.6
西南交通大学	72	2.70	0.1274	7.6
北京工商大学	73	2.05	0.1270	7.5
北京理工大学	74	2.00	0.1227	7.3
哈尔滨理工大学	75	2.15	0.1226	7.3
江南大学	76	2.55	0.1216	7.2
河南工业大学	77	2.00	0.1080	6.4

续表

院校名称	2014年排名	论文数	评价得分	工商管理研究力综合指数
昆明理工大学	78	2.00	0.1080	6.4
上海对外经贸大学	79	2.00	0.1070	6.4
武汉工程大学	80	2.00	0.1070	6.4
重庆理工大学	81	1.40	0.1064	6.3
天津理工大学	82	1.93	0.1040	6.2
中国海洋大学	83	1.00	0.0980	5.8
合肥工业大学	84	2.00	0.0960	5.7
山东工商学院	85	1.70	0.0918	5.5
广东工业大学	86	1.70	0.0918	5.5
三峡大学	87	1.00	0.0906	5.4
长沙理工大学	88	1.40	0.0903	5.4
黑龙江大学	89	1.35	0.0880	5.2
西北大学	90	2.15	0.0851	5.1
河南大学	91	2.00	0.0850	5.0
郑州航空工业管理学院	92	2.00	0.0840	5.0
浙江树人大学	93	2.00	0.0818	4.9
北京师范大学	94	1.00	0.0812	4.8
西安电子科技大学	95	1.50	0.0810	4.8
杭州师范大学	96	2.25	0.0775	4.6
华南师范大学	97	1.70	0.0757	4.5
北京科技大学	98	2.10	0.0752	4.5
浙江师范大学	99	1.50	0.0750	4.5
首都经济贸易大学	100	1.30	0.0702	4.2

续表

院校名称	2014年排名	论文数	评价得分	工商管理研究力综合指数
中国地质大学	101	1.28	0.0688	4.1
汕头大学	102	1.35	0.0687	4.1
中国石油大学	103	0.70	0.0679	4.0
鲁东大学	104	1.55	0.0676	4.0
华东师范大学	105	1.85	0.0651	3.9
西安邮电大学	106	1.40	0.0595	3.5
北京联合大学	107	1.08	0.0581	3.4
武汉纺织大学	108	1.08	0.0580	3.4
北京林业大学	109	1.05	0.0567	3.4
重庆工商大学	110	1.30	0.0546	3.2
安徽大学	111	1.00	0.0540	3.2
湖南第一师范学院	112	1.00	0.0540	3.2
福建农林大学	113	1.00	0.0540	3.2
安庆师范学院	114	1.00	0.0540	3.2
西南大学	115	1.00	0.0540	3.2
东华大学	116	1.00	0.0540	3.2
河北工业大学	117	1.00	0.0540	3.2
中国农业大学	118	1.00	0.0540	3.2
石河子大学	119	1.43	0.0535	3.2
辽宁大学	120	1.00	0.0530	3.1
云南财经大学	121	1.00	0.0530	3.1
湖北大学	122	1.03	0.0530	3.1
内蒙古工业大学	123	0.95	0.0513	3.0

续表

院校名称	2014年排名	论文数	评价得分	工商管理研究力综合指数
华中农业大学	124	0.95	0.0513	3.0
燕山大学	125	0.95	0.0513	3.0
湘潭大学	126	0.93	0.0500	3.0
上海师范大学	127	0.50	0.0490	2.9
湖北工业大学	128	1.05	0.0487	2.9
上海外国语大学	129	1.10	0.0462	2.7
天津师范大学	130	0.85	0.0459	2.7
辽宁科技大学	131	0.85	0.0459	2.7
北京第二外国语学院	132	0.85	0.0459	2.7
西安工业大学	133	0.85	0.0454	2.7
陕西师范大学	134	1.30	0.0438	2.6
西交利物浦大学	135	0.80	0.0432	2.6
四川师范大学	136	1.00	0.0420	2.5
桂林理工大学	137	1.05	0.0417	2.5
宁夏大学	138	0.50	0.0403	2.4
广东机电职业技术学院	139	0.70	0.0378	2.2
华东政法大学	140	0.70	0.0378	2.2
福州大学	141	0.70	0.0378	2.2
中北大学	142	0.70	0.0378	2.2
青岛理工大学	143	0.70	0.0378	2.2
宁波工程学院	144	0.70	0.0378	2.2
湖北经济学院	145	0.70	0.0371	2.2
广东技术师范学院	146	0.70	0.0371	2.2

续表

院校名称	2014年排名	论文数	评价得分	工商管理研究力综合指数
湖南商学院	147	0.70	0.0371	2.2
中原工学院	148	0.65	0.0351	2.1
海南大学	149	0.65	0.0351	2.1
湖南工业大学	150	0.35	0.0340	2.0
东北林业大学	151	0.80	0.0336	2.0
浙江理工大学	152	0.75	0.0335	2.0
青海民族大学	153	0.33	0.0327	1.9
郑州大学	154	1.00	0.0310	1.8
山西大学	155	1.00	0.0310	1.8
河北经贸大学	156	1.00	0.0310	1.8
长安大学	157	1.00	0.0310	1.8
宁波大红鹰学院	158	1.00	0.0310	1.8
台州学院	159	1.00	0.0310	1.8
上海海事大学	160	0.60	0.0306	1.8
五邑大学	161	0.70	0.0294	1.7
北京物资学院	162	0.30	0.0294	1.7
广州大学	163	0.30	0.0294	1.7
西南政法大学	164	0.70	0.0294	1.7
中国人民公安大学	165	0.30	0.0291	1.7
华北水利水电大学	166	0.50	0.0270	1.6
安徽工业大学	167	0.85	0.0264	1.6
黄冈师范学院	168	0.45	0.0243	1.4
岭南师范学院	169	0.70	0.0217	1.3

续表

院校名称	2014年排名	论文数	评价得分	工商管理研究力综合指数
广东科学技术职业学院	170	0.70	0.0217	1.3
广州工商职业技术学院	171	0.70	0.0217	1.3
南京特殊教育师范学院	172	0.35	0.0189	1.1
沈阳大学	173	0.35	0.0189	1.1
成都理工大学	174	0.35	0.0189	1.1
河南财经政法大学	175	0.35	0.0189	1.1
湖南财政经济学院	176	0.35	0.0189	1.1
中南林业科技大学	177	0.35	0.0189	1.1
青岛大学	178	0.45	0.0174	1.0
兰州大学	179	0.30	0.0162	1.0
四川农业大学	180	0.30	0.0162	1.0
辽宁工程技术大学	181	0.30	0.0162	1.0
南通大学	182	0.50	0.0155	0.9
重庆邮电大学	183	0.50	0.0155	0.9
浙江农林大学	184	0.35	0.0147	0.9
北方工业大学	185	0.15	0.0146	0.9
上海立信会计学院	186	0.30	0.0093	0.6
哈尔滨商业大学	187	0.30	0.0093	0.6
广西师范大学	188	0.30	0.0093	0.6
华南农业大学	189	0.15	0.0081	0.5
东北农业大学	190	0.15	0.0081	0.5
安徽师范大学	191	0.15	0.0081	0.5
义乌工商学院	192	0.15	0.0081	0.5

续表

院校名称	2014年排名	论文数	评价得分	工商管理研究力综合指数
东北石油大学	193	0.15	0.0081	0.5
宁波大学	194	0.15	0.0081	0.5
北京工业大学	195	0.15	0.0081	0.5
上海应用技术学院	196	0.15	0.0080	0.5
闽南理工学院	197	0.15	0.0063	0.4
中欧国际工商学院	198	0.13	0.0058	0.3
天津工业大学	199	0.10	0.0054	0.3
西北师范大学	200	0.10	0.0054	0.3
天津外国语大学	201	0.10	0.0054	0.3
中南民族大学	202	0.10	0.0054	0.3
江西农业大学	203	0.10	0.0053	0.3
广西民族大学	204	0.15	0.0047	0.3
浙江万里学院	205	0.15	0.0047	0.3
武汉科技大学	206	0.10	0.0042	0.2
湖南女子学院	207	0.08	0.0041	0.2
中国传媒大学	208	0.08	0.0040	0.2
华北电力大学	209	0.04	0.0016	0.1

表9　2015年中国高等院校工商管理研究力综合指数及排名

院校名称	2015年排名	上年排名	论文数	评价得分	工商管理研究力综合指数
中国人民大学	1	4	26.83	1.1685	100.0

续表

院校名称	2015年排名	上年排名	论文数	评价得分	工商管理研究力综合指数
西南财经大学	2	7	21.60	1.1153	95.4
大连理工大学	3	14	23.23	1.1023	94.3
南开大学	4	1	28.39	1.0744	92.0
南京大学	5	2	23.25	1.0476	89.7
西安交通大学	6	9	20.09	0.9146	78.3
中山大学	7	12	22.43	0.9130	78.1
对外经济贸易大学	8	16	16.10	0.7777	66.6
浙江大学	9	5	15.34	0.7513	64.3
清华大学	10	6	15.15	0.7406	63.4
华中科技大学	11	10	17.80	0.7124	61.0
华南理工大学	12	11	17.38	0.6686	57.2
武汉大学	13	3	15.43	0.6473	55.4
同济大学	14	51	10.70	0.5542	47.4
暨南大学	15	27	11.08	0.5078	43.5
东北财经大学	16	8	10.93	0.5013	42.9
中国科学院	17	22	8.18	0.4417	37.8
西安理工大学	18	36	7.53	0.4090	35.0
哈尔滨工业大学	19	24	9.35	0.3839	32.9
北京大学	20	15	8.10	0.3831	32.8
中央财经大学	21	19	7.75	0.3816	32.7
浙江工商大学	22	17	6.80	0.3612	30.9
湖南大学	23	33	8.85	0.3532	30.2
重庆大学	24	30	6.70	0.3478	29.8

续表

院校名称	2015年排名	上年排名	论文数	评价得分	工商管理研究力综合指数
浙江工业大学	25	44	6.43	0.3475	29.7
中南财经政法大学	26	20	6.50	0.3257	27.9
东南大学	27	28	5.95	0.3117	26.7
复旦大学	28	25	6.35	0.3013	25.8
吉林大学	29	13	6.93	0.2966	25.4
四川大学	30	67	6.05	0.2716	23.2
东北大学	31	40	6.63	0.2633	22.5
上海财经大学	32	21	5.63	0.2621	22.4
上海交通大学	33	26	6.28	0.2461	21.1
中南大学	34	23	5.53	0.2389	20.4
上海大学	35	57	4.25	0.2296	19.6
上海对外经贸大学	36	79	4.40	0.2230	19.1
电子科技大学	37	55	4.95	0.2228	19.1
福州大学	38	141	4.70	0.2115	18.1
山东大学	39	29	4.08	0.2080	17.8
天津大学	40	38	4.75	0.2030	17.4
北京航空航天大学	41	35	4.90	0.2028	17.4
厦门大学	42	18	4.20	0.1977	16.9
北京邮电大学	43	62	3.85	0.1965	16.8
北京工商大学	44	73	4.20	0.1870	16.0
天津工业大学	45	199	3.20	0.1809	15.5
天津理工大学	46	82	3.10	0.1732	14.8
中国科学技术大学	47	59	3.85	0.1691	14.5

续表

院校名称	2015年排名	上年排名	论文数	评价得分	工商管理研究力综合指数
北京理工大学	48	74	3.00	0.1670	14.3
辽宁工业大学	49	—	2.80	0.1652	14.1
山西财经大学	50	—	3.00	0.1610	13.8
中国社会科学院	51	31	3.35	0.1599	13.7
浙江财经大学	52	39	3.20	0.1545	13.2
西北大学	53	90	3.00	0.1530	13.1
华侨大学	54	43	3.70	0.1525	13.1
杭州电子科技大学	55	48	3.00	0.1490	12.8
武汉理工大学	56	69	3.65	0.1404	12.0
中国海洋大学	57	83	2.70	0.1350	11.6
首都经济贸易大学	58	100	2.68	0.1327	11.4
苏州大学	59	32	2.25	0.1326	11.3
华东理工大学	60	50	2.90	0.1303	11.2
兰州大学	61	179	3.05	0.1275	10.9
山东财经大学	62	45	2.28	0.1270	10.9
北京交通大学	63	37	2.50	0.1242	10.6
武汉纺织大学	64	108	2.00	0.1230	10.5
天津财经大学	65	66	2.55	0.1228	10.5
广东财经大学	66	42	2.55	0.1216	10.4
北方工业大学	67	185	2.23	0.1207	10.3
重庆理工大学	68	81	2.15	0.1179	10.1
西南交通大学	69	72	3.08	0.1165	10.0
昆明理工大学	70	78	1.95	0.1126	9.6

续表

院校名称	2015年排名	上年排名	论文数	评价得分	工商管理研究力综合指数
湖北大学	71	122	2.10	0.1106	9.5
合肥工业大学	72	84	1.65	0.1049	9.0
云南财经大学	73	121	2.00	0.0990	8.5
安徽工业大学	74	167	2.00	0.0990	8.5
石河子大学	75	119	1.85	0.0990	8.5
西北工业大学	76	64	2.15	0.0989	8.5
大连海事大学	77	—	1.60	0.0944	8.1
西南大学	78	115	1.70	0.0940	8.0
重庆工商大学	79	110	2.50	0.0927	7.9
河北经贸大学	80	156	2.00	0.0900	7.7
安徽大学	81	111	2.25	0.0886	7.6
江苏大学	82	61	1.30	0.0880	7.5
广东金融学院	83	—	1.85	0.0875	7.5
安徽财经大学	84	41	2.28	0.0866	7.4
山西大学	85	155	1.70	0.0807	6.9
华南师范大学	86	97	2.10	0.0795	6.8
哈尔滨工程大学	87	52	1.35	0.0790	6.8
湖南师范大学	88	—	1.10	0.0770	6.6
广东工业大学	89	86	1.85	0.0770	6.6
南京工程学院	90	—	1.70	0.0765	6.5
南京航空航天大学	91	60	2.05	0.0762	6.5
华东交通大学	92	—	1.93	0.0739	6.3
郑州航空工业管理学院	93	92	1.00	0.0730	6.2

续表

院校名称	2015年排名	上年排名	论文数	评价得分	工商管理研究力综合指数
曲阜师范大学	94	—	1.00	0.0730	6.2
山东工商学院	95	85	1.58	0.0730	6.2
武汉工程大学	96	80	2.30	0.0713	6.1
西南政法大学	97	164	1.90	0.0679	5.8
浙江万里学院	98	205	1.15	0.0679	5.8
温州大学	99	63	1.35	0.0657	5.6
哈尔滨理工大学	100	75	1.20	0.0652	5.6
江南大学	101	76	1.25	0.0640	5.5
湘潭大学	102	126	1.20	0.0638	5.5
浙江树人大学	103	93	1.40	0.0630	5.4
湖南农业大学	104	—	1.08	0.0627	5.4
重庆邮电大学	105	183	0.85	0.0621	5.3
海南大学	106	149	1.65	0.0616	5.3
江西财经大学	107	34	1.15	0.0610	5.2
华中师范大学	108	—	1.40	0.0603	5.2
上海立信会计学院	109	186	1.70	0.0590	5.0
深圳职业技术学院	110	—	1.00	0.0590	5.0
西安工程大学	111	—	1.00	0.0590	5.0
西安电子科技大学	112	95	1.19	0.0561	4.8
北京化工大学	113	—	1.05	0.0557	4.8
辽宁大学	114	120	1.50	0.0528	4.5
哈尔滨商业大学	115	187	1.05	0.0522	4.5
哈尔滨师范大学	116	—	1.05	0.0522	4.5

续表

院校名称	2015年排名	上年排名	论文数	评价得分	工商管理研究力综合指数
河南财经政法大学	117	175	1.00	0.0500	4.3
燕山大学	118	125	1.53	0.0500	4.3
广东外语外贸大学	119	49	1.30	0.0487	4.2
华中农业大学	120	124	1.55	0.0481	4.1
河海大学	121	—	1.15	0.0475	4.1
北京科技大学	122	98	0.95	0.0462	3.9
北京信息科技大学	123	—	1.00	0.0450	3.9
上海师范大学	124	127	1.45	0.0450	3.8
北京工业大学	125	195	1.10	0.0425	3.6
上海理工大学	126	71	0.70	0.0413	3.5
武汉科技大学	127	206	0.70	0.0413	3.5
西安外国语大学	128	—	0.70	0.0413	3.5
四川外国语大学	129	—	0.70	0.0413	3.5
广东交通职业技术学院	130	—	0.70	0.0413	3.5
苏州科技学院	131	—	0.70	0.0413	3.5
大连外国语大学	132	—	0.70	0.0413	3.5
中南林业科技大学	133	177	0.70	0.0413	3.5
湖北工业大学	134	128	0.70	0.0413	3.5
中国矿业大学	135	—	0.73	0.0407	3.5
宜春学院	136	—	1.00	0.0400	3.4
北京农学院	137	—	1.00	0.0400	3.4
浙江商业职业技术学院	138	—	1.00	0.0400	3.4
杭州师范大学	139	96	0.85	0.0400	3.4

续表

院校名称	2015年排名	上年排名	论文数	评价得分	工商管理研究力综合指数
广西师范大学	140	188	1.08	0.0389	3.3
南京农业大学	141	—	0.75	0.0386	3.3
陕西师范大学	142	134	0.65	0.0384	3.3
深圳大学	143	46	1.10	0.0369	3.2
贵州财经大学	144	—	1.05	0.0326	2.8
西交利物浦大学	145	135	1.03	0.0325	2.8
郑州大学	146	154	0.65	0.0319	2.7
台州学院	147	159	0.70	0.0315	2.7
广西科技大学	148	—	1.00	0.0310	2.7
东华大学	149	116	1.00	0.0310	2.7
中国地质大学	150	101	1.00	0.0310	2.7
汕头大学	151	102	1.00	0.0310	2.7
东北师范大学	152	—	1.00	0.0310	2.7
沈阳师范大学	153	—	1.00	0.0310	2.7
西南民族大学	154	—	0.85	0.0306	2.6
东莞职业技术学院	155	—	0.50	0.0295	2.5
南京理工大学	156	58	0.85	0.0264	2.3
长江大学	157	—	0.85	0.0264	2.3
东北石油大学	158	193	0.50	0.0245	2.1
南京审计大学	159	47	0.45	0.0236	2.0
北京石油化工学院	160	—	0.70	0.0217	1.9
太原理工大学	161	65	0.35	0.0207	1.8
西安工业大学	162	133	0.35	0.0207	1.8

续表

院校名称	2015年排名	上年排名	论文数	评价得分	工商管理研究力综合指数
浙江理工大学	163	152	0.35	0.0207	1.8
北京第二外国语学院	164	132	0.45	0.0201	1.7
江西师范大学	165	—	0.43	0.0195	1.7
首都师范大学	166	—	0.30	0.0177	1.5
盐城工学院	167	—	0.35	0.0172	1.5
南京财经大学	168	53	0.50	0.0169	1.4
武汉工商学院	169	—	0.45	0.0167	1.4
广州大学	170	163	0.35	0.0165	1.4
武汉东湖学院	171	—	0.50	0.0155	1.3
辽宁对外经贸学院	172	—	0.50	0.0155	1.3
中原工学院	173	148	0.50	0.0155	1.3
贵州大学	174	—	0.45	0.0153	1.3
内蒙古大学	175	56	0.30	0.0150	1.3
青岛农业大学	176	—	0.30	0.0150	1.3
黑龙江外国语学院	177	—	0.20	0.0146	1.2
重庆师范大学	178	—	0.35	0.0140	1.2
重庆科技学院	179	—	0.35	0.0140	1.2
浙江农林大学	180	184	0.25	0.0120	1.0
太原科技大学	181	—	0.20	0.0118	1.0
南京邮电大学	182	70	0.35	0.0109	0.9
广东第二师范学院	183	—	0.35	0.0109	0.9
长沙学院	184	—	0.35	0.0109	0.9
成都信息工程大学	185	—	0.15	0.0089	0.8

续表

院校名称	2015年排名	上年排名	论文数	评价得分	工商管理研究力综合指数
北京师范大学	186	94	0.15	0.0089	0.8
空军工程大学	187	—	0.15	0.0089	0.8
西安石油大学	188	—	0.15	0.0089	0.8
成都中医药大学	189	—	0.15	0.0089	0.8
桂林电子科技大学	190	—	0.15	0.0089	0.8
四川师范大学	191	136	0.15	0.0075	0.6
中欧国际工商学院	192	198	0.15	0.0074	0.6
江西应用技术职业学院	193	—	0.15	0.0074	0.6
中国人民公安大学	194	165	0.15	0.0074	0.6
福建师范大学	195	—	0.10	0.0073	0.6
三峡大学	196	87	0.15	0.0071	0.6
湖北经济学院	197	145	0.15	0.0071	0.6
西南石油大学	198	—	0.15	0.0068	0.6
重庆文理学院	199	—	0.20	0.0062	0.5
沈阳工业大学	200	—	0.15	0.0060	0.5
河南大学	201	91	0.15	0.0060	0.5
中国计量学院	202	—	0.15	0.0060	0.5
北京印刷学院	203	—	0.10	0.0059	0.5
天津外国语大学	204	201	0.10	0.0059	0.5
西北师范大学	205	200	0.10	0.0049	0.4
上海政法学院	206	—	0.10	0.0047	0.4
吉首大学	207	—	0.15	0.0047	0.4
重庆三峡学院	208	—	0.15	0.0047	0.4

续表

院校名称	2015年排名	上年排名	论文数	评价得分	工商管理研究力综合指数
江苏科技大学	209	—	0.15	0.0046	0.4
辽宁理工学院	210	—	0.10	0.0045	0.4
常州大学	211	—	0.10	0.0045	0.4
大连工业大学	212	—	0.08	0.0044	0.4
大庆师范学院	213	—	0.08	0.0044	0.4
西安财经学院	214	—	0.08	0.0044	0.4
广东培正学院	215	—	0.08	0.0037	0.3
青岛大学	216	178	0.10	0.0031	0.3
集美大学	217	—	0.10	0.0031	0.3
宁夏大学	218	138	0.08	0.0030	0.3
西华师范大学	219	—	0.04	0.0022	0.2
浙江科技学院	220	—	0.04	0.0022	0.2
武汉轻工大学	221	—	0.04	0.0012	0.1

四 中国高等院校工商管理各子学科研究力指数与排名分析

在分析了各高等院校的管理学研究力和工商管理研究力之后，对工商管理学科体系下的各子学科的研究力进行分项研究，对于促进各子学科的发展及更全面地把握各高等院校的工商管理研究力，具有重要的意义。

（一）企业理论与管理理论研究力指数与排名

根据中国高等院校企业理论与管理理论研究力指数的测算结果，在我们所选择的12种期刊中，2014年共有115篇关于企业理论与管理理论的文献，其中有110.7篇来自78所高等院校，占96.3%；2015年共有95篇关于企业理论与管理理论的文献，其中有90.7篇来自65所高等院校，占95.5%。这说明高等院校是企业理论与管理理论研究的主要力量。

2014年，关于企业理论与管理理论的115篇文献，占该年我们所选择的管理学文献总数1012篇的11.4%；2015年，关于企业理论与管理理论的95篇文献，占该年管理学研究文献1009篇的9.4%。整体来说，与工商管理的其他子学科相比，企业理论与管理理论研究的发文数量仅少于创新管理和战略管理，是较热的研究领域之一，同时也是工商管理研究的高端领域。

2014年，中国高等院校企业理论与管理理论研究力排前10位的分别是南开大学、中国人民大学、南京大学、西南财经大学、上海财经大学、武汉大学、清华大学、北京大学、复旦大学和华中科技大学（见表10），其评价得分之和占所有高等院校企业理论与管理理论研究力评价得分之和的 40.1%，发表论文数量之和占所有高等院校企业理论与管理理论论文总数的 40.1%；排第 11—20 位的分别是华南理工大学、大连理工大学、东南大学、中山大学、中央财经大学、厦门大学、东北财经大学、浙江工商大学、哈尔滨工业大学和中国社会科学院，其评价得分之和占所有高等院校企业理论与管理理论研究力评价得分之和的 22.1%，发表论文数量之和占所有高等院校企业理论与管理理论论文总数的 20.5%。由此可见，2014 年中国高等院校企业理论与管理理论研究力量集中度较高，排前 20 位的高等院校企业理论与管理理论研究力评价得分之和占所有高等院校相应评价得分之和的 62.2%，发表论文数量之和占所有高等院校企业理论与管理理论论文总数的 60.6%。

2015 年，中国高等院校企业理论与管理理论研究力排前 10 位的分别是中山大学、中国人民大学、西南财经大学、对外经济贸易大学、南开大学、清华大学、武汉大学、大连理工大学、北京大学和暨南大学（见表 11），其评价得分之和占所有高等院校评价得分之和的 47.7%，发表论文数量之和占企业理论与管理理论论文总数的49.0%,集中度比2014年有明显提高;排第11—20位的分别是北京理工大学、东北财经大学、哈尔滨工业大学、山西财经大学、武汉工程大学、中央财经大学、厦门大学、山东财经大学、首都经济贸易大学和西安交通大学,其评价得分之和占所有高等院校评价得分之和的18.3%,发表论文数量之和占企业理论与管理理论论文总数的17.2%,集中度较2014年均有所下降。综合来看,2015年中国高等院校企业理论与管理理论研究力排前20位的高等院校评价得分之和占所有高等院校评价得分之和的66.0%,较2014年上升了3.8个百分点,发表论文数量之和占企业理论与管理理论论文总数的66.2%,较2014年上升了5.6个百分点,研究力量集中度在增加。

从排名的变化情况来看,2014年企业理论与管理理论研究力排前20位的高等院校中,南开大学、中国人民大学、西南财经大学、武汉大学、清华大学、北京大学、大连理工大学、中山大学、中央财经大学、厦门大学、东北财经大学和哈尔滨工业大学这12所高等院校继续保持在2015年排名的前20位中。有过半的高等院校连续保持在前20位中,表明企业理论与管理理论的研究力量具有一定的稳定性。新进入 2015 年前 20 位排名名单的高等院校有 8 所，北京理工大学、山西财经大学和首都经济贸易大学是进步最大的 3 所，它们在 2014 年没有发表企业理论与管理理论方面的论文；对外经济贸易大学、山东财经大学、西安交通大学、暨南大学和武汉工程大学的进步也较快，它们的位次较 2014 年分别提升了 73 位、40 位、13 位、12 位和 6 位。

表 10　　2014 年中国高等院校企业理论与管理理论研究力指数及排名

院校名称	2014 年排名	论文数	评价得分	企业理论与管理理论研究力指数
南开大学	1	7.90	0.4204	100.0
中国人民大学	2	5.73	0.3776	89.8
南京大学	3	5.00	0.3160	75.2
西南财经大学	4	3.00	0.2700	64.2
上海财经大学	5	3.80	0.2532	60.2
武汉大学	6	4.35	0.2102	50.0
清华大学	7	4.00	0.2022	48.1
北京大学	8	4.40	0.1987	47.3
复旦大学	9	3.15	0.1955	46.5
华中科技大学	10	3.00	0.1810	43.1
华南理工大学	11	3.10	0.1668	39.7

续表

院校名称	2014年排名	论文数	评价得分	企业理论与管理理论研究力指数
大连理工大学	12	3.00	0.1620	38.5
东南大学	13	2.00	0.1600	38.1
中山大学	14	2.90	0.1546	36.8
中央财经大学	15	2.20	0.1539	36.6
厦门大学	16	2.00	0.1510	35.9
东北财经大学	17	2.00	0.1400	33.3
浙江工商大学	18	1.70	0.1219	29.0
哈尔滨工业大学	19	1.65	0.1171	27.8
中国社会科学院	20	2.15	0.1161	27.6
武汉工程大学	21	2.00	0.1070	25.5
暨南大学	22	2.00	0.1060	25.2
浙江财经大学	23	1.15	0.1060	25.2
苏州大学	24	1.00	0.0970	23.1
湖南大学	25	1.00	0.0970	23.1
上海大学	26	1.70	0.0918	21.8
深圳大学	27	1.70	0.0911	21.7
黑龙江大学	28	1.35	0.0880	20.9
浙江大学	29	1.15	0.0787	18.7
上海交通大学	30	1.35	0.0719	17.1
长沙理工大学	31	0.70	0.0686	16.3
扬州大学	32	0.70	0.0686	16.3
西安交通大学	33	1.35	0.0645	15.3
汕头大学	34	1.05	0.0561	13.3

续表

院校名称	2014年排名	论文数	评价得分	企业理论与管理理论研究力指数
西南交通大学	35	1.00	0.0560	13.3
广东外语外贸大学	36	1.05	0.0553	13.2
北京工商大学	37	1.25	0.0542	12.9
南京理工大学	38	1.00	0.0540	12.8
北京交通大学	39	1.00	0.0540	12.8
东华大学	40	1.00	0.0540	12.8
上海对外经贸大学	41	1.00	0.0530	12.6
山东大学	42	1.00	0.0530	12.6
辽宁大学	43	1.00	0.0530	12.6
上海理工大学	44	0.70	0.0518	12.3
西安理工大学	45	1.35	0.0499	11.9
上海师范大学	46	0.50	0.0490	11.7
北京第二外国语学院	47	0.85	0.0459	10.9
华中农业大学	48	0.85	0.0459	10.9
上海外国语大学	49	1.00	0.0420	10.0
湖北经济学院	50	0.70	0.0371	8.8
天津大学	51	1.00	0.0310	7.4
哈尔滨工程大学	52	1.00	0.0310	7.4
重庆大学	53	0.70	0.0294	7.0
西南政法大学	54	0.70	0.0294	7.0
中南大学	55	0.30	0.0294	7.0
浙江树人大学	56	0.30	0.0291	6.9
天津财经大学	57	0.45	0.0283	6.7

续表

院校名称	2014年排名	论文数	评价得分	企业理论与管理理论研究力指数
山东财经大学	58	0.65	0.0273	6.5
南京审计大学	59	0.50	0.0270	6.4
杭州电子科技大学	60	0.85	0.0264	6.3
石河子大学	61	0.43	0.0225	5.4
桂林理工大学	62	0.35	0.0200	4.7
中国科学技术大学	63	0.35	0.0189	4.5
浙江工业大学	64	0.50	0.0155	3.7
南京财经大学	65	0.15	0.0147	3.5
重庆工商大学	66	0.30	0.0126	3.0
中国科学院	67	0.23	0.0113	2.7
上海海事大学	68	0.15	0.0081	1.9
三峡大学	69	0.15	0.0081	1.9
青岛大学	70	0.15	0.0081	1.9
辽宁工程技术大学	71	0.15	0.0081	1.9
北京师范大学	72	0.15	0.0063	1.5
燕山大学	73	0.10	0.0054	1.3
天津外国语大学	74	0.10	0.0054	1.3
杭州师范大学	75	0.15	0.0047	1.1
浙江万里学院	76	0.15	0.0047	1.1
对外经济贸易大学	77	0.10	0.0042	1.0
中欧国际工商学院	78	0.08	0.0032	0.7

表11　2015年中国高等院校企业理论与管理理论研究力指数及排名

院校名称	2015年排名	上年排名	论文数	评价得分	企业理论与管理理论研究力指数
中山大学	1	14	6.50	0.2689	100.0
中国人民大学	2	2	5.65	0.2394	89.0
西南财经大学	3	4	4.05	0.2082	77.4
对外经济贸易大学	4	77	3.80	0.2011	74.8
南开大学	5	1	6.08	0.1997	74.3
清华大学	6	7	4.00	0.1790	66.6
武汉大学	7	6	4.26	0.1675	62.3
大连理工大学	8	12	3.85	0.1572	58.4
北京大学	9	8	3.55	0.1330	49.5
暨南大学	10	22	2.70	0.1240	46.1
北京理工大学	11	—	2.00	0.1090	40.5
东北财经大学	12	17	1.78	0.0747	27.8
哈尔滨工业大学	13	19	1.50	0.0735	27.3
山西财经大学	14	—	1.50	0.0725	27.0
武汉工程大学	15	21	2.30	0.0713	26.5
中央财经大学	16	15	1.60	0.0706	26.3
厦门大学	17	16	1.55	0.0683	25.4
山东财经大学	18	58	1.13	0.0613	22.8
首都经济贸易大学	19	—	1.28	0.0599	22.3
西安交通大学	20	33	1.00	0.0590	21.9
辽宁工业大学	21	—	1.00	0.0590	21.9

续表

院校名称	2015年排名	上年排名	论文数	评价得分	企业理论与管理理论研究力指数
中国社会科学院	22	20	1.15	0.0580	21.6
湖北大学	23	—	0.70	0.0511	19.0
上海财经大学	24	5	1.00	0.0500	18.6
复旦大学	25	9	1.25	0.0500	18.6
重庆大学	26	53	1.00	0.0490	18.2
华中师范大学	27	—	1.00	0.0470	17.5
广东财经大学	28	—	1.00	0.0470	17.5
浙江工商大学	29	18	1.00	0.0470	17.5
山东大学	30	42	1.00	0.0470	17.5
北京交通大学	31	39	1.00	0.0470	17.5
华中科技大学	32	10	1.00	0.0463	17.2
西安理工大学	33	45	0.78	0.0457	17.0
天津大学	34	51	1.00	0.0450	16.7
华南理工大学	35	11	1.45	0.0450	16.7
南京大学	36	3	1.15	0.0440	16.4
宜春学院	37	—	1.00	0.0400	14.9
西南交通大学	38	35	1.00	0.0400	14.9
安徽大学	39	—	1.00	0.0400	14.9
石河子大学	40	61	0.85	0.0400	14.9
北方工业大学	41	—	0.93	0.0357	13.3
北京工商大学	42	37	0.70	0.0350	13.0
深圳大学	43	27	1.00	0.0310	11.5

续表

院校名称	2015年排名	上年排名	论文数	评价得分	企业理论与管理理论研究力指数
东华大学	44	40	1.00	0.0310	11.5
汕头大学	45	34	1.00	0.0310	11.5
浙江财经大学	46	23	0.70	0.0280	10.4
南京理工大学	47	38	0.85	0.0264	9.8
广东工业大学	48	—	0.85	0.0264	9.8
东北石油大学	49	—	0.50	0.0245	9.1
中南财经政法大学	50	—	0.30	0.0219	8.1
上海交通大学	51	30	0.60	0.0209	7.8
南京审计大学	52	59	0.30	0.0147	5.5
江西财经大学	53	—	0.15	0.0110	4.1
大连海事大学	54	—	0.15	0.0089	3.3
西安石油大学	55	—	0.15	0.0089	3.3
武汉工商学院	56	—	0.15	0.0074	2.7
江西应用技术职业学院	57	—	0.15	0.0074	2.7
湖北经济学院	58	50	0.15	0.0071	2.6
广东金融学院	59	—	0.15	0.0068	2.5
江苏科技大学	60	—	0.15	0.0047	1.7
西安财经学院	61	—	0.08	0.0044	1.6
湖南师范大学	62	—	0.10	0.0040	1.5
宁夏大学	63	—	0.08	0.0030	1.1
安徽财经大学	64	—	0.08	0.0023	0.9
燕山大学	65	73	0.08	0.0023	0.9

（二）战略管理研究力指数与排名

根据中国高等院校战略管理研究力指数的测算结果，2014年共有135篇关于战略管理的文献，其中有128.3篇来自高等院校，占95.0%；2015年共有76篇关于战略管理的研究文献，其中有73.2篇来自高等院校，占96.3%。这说明高等院校是战略管理研究的主要力量。

2014年，关于战略管理的135篇文献，占该年管理学文献1012篇的13.3%。2015年，关于战略管理的76篇文献，占该年管理学文献1009篇的7.5%。战略管理发文热度属于中等偏上的程度，是管理学研究的偏热领域。

2014年，中国高等院校战略管理研究力排前10位的分别是武汉大学、华南理工大学、对外经济贸易大学、南开大学、中国人民大学、浙江大学、北京大学、东北财经大学、清华大学和广东外语外贸大学（见表12），其评价得分之和占所有高等院校评价得分之和的35.9%，发表论文数量之和占战略管理论文总数的35.4%；排第11—20位的分别是大连理工大学、厦门大学、中国科学院、中国社会科学院、广东财经大学、西南财经大学、浙江工商大学、山东大学、中山大学和中南财经政法大学，其评价得分之和占所有高等院校评价得分之和的18.7%，发表论文数量之和占战略管理论文总数的17.8%。由此可见，2014年中国高等院校战略管理研究力量集中度较高，排前20位的高等院校评价得分之和占所有高等院校评价得分之和的54.6%，发表论文数量之和占战略管理论文总数的53.2%。

2015年，中国高等院校战略管理研究力排前10位的分别是南开大学、中国人民大学、大连理工大学、浙江大学、同济大学、华南理工大学、浙江工业大学、东北大学、对外经济贸易大学和西安理工大学（见表13），其评价得分之和占所有高等院校评价得分之和的46.4%，发表论文数量之和占战略管理论文总数的47.0%，集中度较2014年有所提升；排第11—20位的分别是山东大学、湖南大学、中山大学、东北财经大学、重庆大学、东南大学、苏州大学、北京航空航天大学、重庆邮电大学和河北经贸大学，其评价得分之和占所有高等院校评价得分之和的24.2%，发表论文数量之和占战略管理论文总数的22.8%，集中度较2014年也有所提升。综合来看，2015年中国高等院校战略管理研究力排前20位的高等院校评价得分之和占所有高等院校评价得分之和的70.6%,较2014年提升了16.0个百分点,发表论文数量之和占战略管理论文总数的69.8%,较2014年提升了16.6个百分点,这表明战略管理研究力量集中度在增加。

从排名的变化情况来看,2014年战略管理研究力排前20位的高等院校中,南开大学、中国人民大学、大连理工大学、浙江大学、华南理工大学、对外经济贸易大学、山东大学、中山大学和东北财经大学这9所高等院校继续保持在2015年排名的前20位中。2015年新进入前20位的高等院校有11所:西安理工大学、重庆邮电大学、同济大学、东南大学、苏州大学、北京航空航天大学、湖南大学、东北大学和重庆大学的位次较2014年分别提升了65位、63位、57位、54位、48位、28位、27位、26位和6位;而浙江工业大学和河北经贸大学则是2015年才进入排名名单的,分别位于第7位和第20位。

表 12　　2014 年中国高等院校战略管理研究力指数及排名

院校名称	2014 年排名	论文数	评价得分	战略管理研究力指数
武汉大学	1	7.63	0.3878	100.0
华南理工大学	2	6.45	0.3127	80.6
对外经济贸易大学	3	4.70	0.2645	68.2
南开大学	4	5.80	0.2546	65.6
中国人民大学	5	3.75	0.2357	60.8
浙江大学	6	4.85	0.2251	58.1
北京大学	7	3.20	0.2004	51.7
东北财经大学	8	3.00	0.1940	50.0
清华大学	9	3.65	0.1833	47.3
广东外语外贸大学	10	2.40	0.1502	38.7
大连理工大学	11	4.00	0.1470	37.9
厦门大学	12	2.70	0.1448	37.3
中国科学院	13	2.40	0.1436	37.0
中国社会科学院	14	2.58	0.1280	33.0
广东财经大学	15	1.70	0.1274	32.9
西南财经大学	16	1.70	0.1274	32.9
浙江工商大学	17	2.35	0.1199	30.9
山东大学	18	2.00	0.1080	27.9
中山大学	19	2.30	0.1079	27.8
中南财经政法大学	20	1.08	0.1020	26.3
重庆大学	21	2.50	0.1005	25.9
江西财经大学	22	1.00	0.0980	25.3

续表

院校名称	2014年排名	论文数	评价得分	战略管理研究力指数
安徽财经大学	23	1.00	0.0980	25.3
中央财经大学	24	1.00	0.0977	25.2
南京邮电大学	25	1.00	0.0970	25.0
温州大学	26	2.00	0.0960	24.8
西安交通大学	27	1.55	0.0837	21.6
南京大学	28	1.38	0.0743	19.1
上海交通大学	29	1.30	0.0702	18.1
复旦大学	30	1.30	0.0702	18.1
北京理工大学	31	0.70	0.0686	17.7
山东财经大学	32	1.50	0.0685	17.7
中国石油大学	33	0.70	0.0679	17.5
东北大学	34	1.65	0.0661	17.0
中南大学	35	1.30	0.0633	16.3
电子科技大学	36	1.15	0.0621	16.0
吉林大学	37	2.00	0.0620	16.0
暨南大学	38	1.00	0.0540	13.9
湖南大学	39	1.00	0.0540	13.9
北京联合大学	40	1.00	0.0540	13.9
杭州电子科技大学	41	1.00	0.0540	13.9
中国科学技术大学	42	1.00	0.0540	13.9
西北工业大学	43	1.00	0.0540	13.9
上海理工大学	44	1.00	0.0540	13.9
内蒙古大学	45	1.00	0.0530	13.7

续表

院校名称	2014年排名	论文数	评价得分	战略管理研究力指数
北京航空航天大学	46	0.85	0.0459	11.8
广东工业大学	47	0.80	0.0432	11.1
华东理工大学	48	1.00	0.0420	10.8
武汉理工大学	49	1.00	0.0420	10.8
四川师范大学	50	1.00	0.0420	10.8
四川大学	51	1.00	0.0420	10.8
华中科技大学	52	0.90	0.0378	9.7
重庆理工大学	53	0.70	0.0378	9.7
华东政法大学	54	0.70	0.0378	9.7
山东工商学院	55	0.70	0.0378	9.7
西安邮电大学	56	0.70	0.0378	9.7
海南大学	57	0.65	0.0351	9.1
中原工学院	58	0.65	0.0351	9.1
天津大学	59	0.85	0.0341	8.8
东北林业大学	60	0.80	0.0336	8.7
浙江财经大学	61	0.78	0.0326	8.4
同济大学	62	1.00	0.0310	8.0
北京邮电大学	63	1.00	0.0310	8.0
南京财经大学	64	1.00	0.0310	8.0
苏州大学	65	1.00	0.0310	8.0
山西大学	66	1.00	0.0310	8.0
华东师范大学	67	0.70	0.0294	7.6
西南政法大学	68	0.70	0.0294	7.6

续表

院校名称	2014年排名	论文数	评价得分	战略管理研究力指数
广州大学	69	0.30	0.0294	7.6
东南大学	70	0.30	0.0291	7.5
长沙理工大学	71	0.70	0.0217	5.6
华南师范大学	72	0.70	0.0217	5.6
广州工商职业技术学院	73	0.70	0.0217	5.6
浙江师范大学	74	0.50	0.0210	5.4
西安理工大学	75	0.65	0.0202	5.2
西安工业大学	76	0.35	0.0189	4.9
沈阳大学	77	0.35	0.0189	4.9
河南财经政法大学	78	0.35	0.0189	4.9
天津财经大学	79	0.35	0.0186	4.8
首都经济贸易大学	80	0.30	0.0162	4.2
兰州大学	81	0.30	0.0162	4.2
重庆邮电大学	82	0.50	0.0155	4.0
北京交通大学	83	0.15	0.0147	3.8
西北大学	84	0.35	0.0109	2.8
青岛大学	85	0.30	0.0093	2.4
广西师范大学	86	0.30	0.0093	2.4
北京科技大学	87	0.15	0.0081	2.1
华南农业大学	88	0.15	0.0081	2.1
安徽师范大学	89	0.15	0.0081	2.1
义乌工商学院	90	0.15	0.0081	2.1

续表

院校名称	2014年排名	论文数	评价得分	战略管理研究力指数
西交利物浦大学	91	0.15	0.0081	2.1
陕西师范大学	92	0.15	0.0081	2.1
太原理工大学	93	0.15	0.0080	2.1
上海财经大学	94	0.15	0.0063	1.6
宁夏大学	95	0.15	0.0063	1.6
北京师范大学	96	0.15	0.0063	1.6
哈尔滨工业大学	97	0.15	0.0063	1.6
武汉科技大学	98	0.10	0.0042	1.1
中国地质大学	99	0.08	0.0040	1.0
湖北大学	100	0.08	0.0040	1.0
武汉纺织大学	101	0.08	0.0040	1.0
中欧国际工商学院	102	0.05	0.0027	0.7
华侨大学	103	0.08	0.0023	0.6

表13　　2015年中国高等院校战略管理研究力指数及排名

院校名称	2015年排名	上年排名	论文数	评价得分	战略管理研究力指数
南开大学	1	4	4.90	0.2105	100.0
中国人民大学	2	5	4.00	0.1890	89.8
大连理工大学	3	11	4.00	0.1860	88.4
浙江大学	4	6	3.88	0.1788	84.9

续表

院校名称	2015年排名	上年排名	论文数	评价得分	战略管理研究力指数
同济大学	5	62	3.20	0.1706	81.0
华南理工大学	6	2	3.70	0.1453	69.0
浙江工业大学	7	—	2.93	0.1410	67.0
东北大学	8	34	2.68	0.1295	61.5
对外经济贸易大学	9	3	3.00	0.1280	60.8
西安理工大学	10	75	2.15	0.1269	60.3
山东大学	11	18	2.08	0.1110	52.7
湖南大学	12	39	2.00	0.1090	51.8
中山大学	13	19	2.65	0.1016	48.2
东北财经大学	14	8	2.05	0.0883	41.9
重庆大学	15	21	1.90	0.0869	41.3
东南大学	16	70	1.65	0.0854	40.5
苏州大学	17	65	1.00	0.0730	34.7
北京航空航天大学	18	46	1.50	0.0625	29.7
重庆邮电大学	19	82	0.85	0.0621	29.5
河北经贸大学	20	—	1.00	0.0590	28.0
厦门大学	21	12	1.15	0.0524	24.9
南京大学	22	28	1.30	0.0520	24.7
南京工程学院	23	—	0.85	0.0502	23.8
安徽工业大学	24	—	1.00	0.0490	23.3
华东理工大学	25	48	1.00	0.0490	23.3
河海大学	26	—	1.15	0.0475	22.6
西南财经大学	27	16	1.00	0.0470	22.3

续表

院校名称	2015年排名	上年排名	论文数	评价得分	战略管理研究力指数
福州大学	28	—	1.00	0.0450	21.4
杭州电子科技大学	29	41	1.00	0.0450	21.4
中央财经大学	30	24	0.85	0.0425	20.2
上海财经大学	31	94	0.90	0.0423	20.1
北京大学	32	7	0.70	0.0413	19.6
广东交通职业技术学院	33	—	0.70	0.0413	19.6
华中科技大学	34	52	1.00	0.0400	19.0
四川大学	35	51	0.60	0.0348	16.5
上海大学	36	—	0.70	0.0315	15.0
西安交通大学	37	27	0.50	0.0295	14.0
北京邮电大学	38	63	0.70	0.0280	13.3
电子科技大学	39	36	0.85	0.0264	12.5
山西大学	40	66	0.70	0.0217	10.3
西交利物浦大学	41	91	0.70	0.0217	10.3
安徽财经大学	42	23	0.35	0.0207	9.8
太原理工大学	43	93	0.35	0.0207	9.8
西安工业大学	44	76	0.35	0.0207	9.8
广东外语外贸大学	45	10	0.30	0.0177	8.4
广州大学	46	69	0.35	0.0165	7.8
天津财经大学	47	79	0.35	0.0140	6.7
北方工业大学	48	—	0.30	0.0120	5.7
天津大学	49	59	0.30	0.0093	4.4

续表

院校名称	2015年排名	上年排名	论文数	评价得分	战略管理研究力指数
燕山大学	50	—	0.30	0.0093	4.4
成都信息工程大学	51	—	0.15	0.0089	4.2
天津外国语大学	52	—	0.10	0.0059	2.8
上海政法学院	53	—	0.10	0.0047	2.2
上海交通大学	54	29	0.15	0.0047	2.2
广西师范大学	55	86	0.08	0.0037	1.7
广东培正学院	56	—	0.08	0.0037	1.7
西南政法大学	57	68	0.10	0.0031	1.5
西安电子科技大学	58	—	0.04	0.0022	1.1
西华师范大学	59	—	0.04	0.0022	1.1

（三）财务管理研究力指数与排名

根据中国高等院校财务管理研究力指数的测算结果，2014年共有59篇关于财务管理的研究文献，经计算得出其中有56.0篇来自43所高等院校，占94.9%；2015年共有71篇关于财务管理的研究文献，经计算得出其中有68.8篇来自56所高等院校，占97.0%。这说明高等院校是财务管理方面的主要研究力量。发表财务管理研究论文的机构较少，2014年和2015年分别为43所和56所，从中可以看出，财务管理研究的集中度较高。

2014年，关于财务管理的59篇研究论文，占该年管理学研究文献总数1012篇的5.8%；2015年，关于财务管理的71篇研究论文，占该年管理学研究文献总数1009篇的7.0%。与工商管理的其他子学科相比，财务管理方面的发文数量为中等偏下的程度；财务管理在管理学研究中属于中等偏冷的研究领域。

2014年，中国高等院校财务管理研究力排前10位的分别是西南财经大学、南京大学、东北财经大学、中南财经政法大学、中山大学、对外经济贸易大学、清华大学、哈尔滨工业大学、北京大学和东北大学（见表14），其评价得分之和占所有高等院校评价得分之和的47.7%，发表论文数量之和占财务管理论文总数的45.2%；排第11—20位的分别是江西财经大学、安徽财经大学、复旦大学、上海财经大学、中国人民大学、广东财经大学、武汉大学、内蒙古大学、中国海洋大学和天津财经大学，其评价得分之和占所有高等院校评价得分之和的24.6%，发表论文数量之和占财务管理论文总数的22.0%。由此可见，2014年中国高等院校财务管理研究力量集中度较高，排前20位的高等院校评价得分之和占所有高等院校评价得分之和的 72.3%，发表论文数量之和占财务管理论文总数的 67.2%。

2015 年，中国高等院校财务管理研究力排前 10 位的分别是中国人民大学、中山大学、东北财经大学、南京大学、对外经济贸易大学、西南财经大学、中国海洋大学、中央财经大学、北京大学和东南大学（见表 15），其评价得分之和占所有高等院校评价得分之和的 45.4%，发表论文数量之和占财务管理论文总数的 46.3%，集中度较 2014 年基本持平；排第 11—20 位的分别是中南财经政法大学、湖南大学、暨南大学、北京工商大学、郑州航空工业管理学院、哈尔滨工业大学、天津财经大学、南开大学、云南财经大学和大连理工大学，其评价得分之和占所有高等院校评价得分之和的 21.7%，发表论文数量之和占财务管理论文总数的 20.7%，集中度较 2014 年均有所下降。综合来看，2015 年在财务管理方面，排前 20 位的高等院校评价得分之和占所有高等院校评价得分之和的 67.1%，较 2014 年下降了 5.2 个百分点，发表论文数量之和占论文总数的 67.0%，较 2014 年下降了 0.2 个百分点。

从排名的变化情况来看，2014 年财务管理研究力排前 20 位的高等院校中,中国人民大学、中山大学、东北财经大学、南京大学、对外经济贸易大学、西南财经大学、中国海洋大学、北京大学、中南财经政法大学、哈尔滨工业大学和天津财经大学这 11 所高等院校继续保持在 2015 年财务管理研究力排名的前 20 位中。超过一半的高等院校继续保持在前 20 位中,表明财务管理的研究力量有一定的稳定性。东南大学、暨南大学、南开大学、郑州航空工业管理学院、云南财经大学和北京工商大学分别提升了 25 位、21 位、19 位、16 位、13 位和 12 位。中央财经大学、湖南大学和大连理工大学是 2015 年才进入财务管理研究力排名名单的,分别排在第 8 位、第 12 位和第 20 位。

表 14　　2014 年中国高等院校财务管理研究力指数及排名

院校名称	2014 年排名	论文数	评价得分	财务管理研究力指数
西南财经大学	1	4.00	0.3920	100.0
南京大学	2	4.18	0.3202	81.7
东北财经大学	3	3.00	0.2940	75.0
中南财经政法大学	4	2.48	0.1874	47.8

续表

院校名称	2014年排名	论文数	评价得分	财务管理研究力指数
中山大学	5	1.65	0.1617	41.3
对外经济贸易大学	6	2.00	0.1510	38.5
清华大学	7	2.00	0.1510	38.5
哈尔滨工业大学	8	2.00	0.1510	38.5
北京大学	9	2.00	0.1510	38.5
东北大学	10	2.00	0.1510	38.5
江西财经大学	11	1.50	0.1470	37.5
安徽财经大学	12	1.33	0.1307	33.3
复旦大学	13	2.30	0.1134	28.9
上海财经大学	14	1.20	0.1064	27.1
中国人民大学	15	1.00	0.0980	25.0
广东财经大学	16	1.00	0.0980	25.0
武汉大学	17	1.00	0.0980	25.0
内蒙古大学	18	1.00	0.0980	25.0
中国海洋大学	19	1.00	0.0980	25.0
天津财经大学	20	1.00	0.0980	25.0
南京审计大学	21	1.00	0.0980	25.0
浙江财经大学	22	1.00	0.0913	23.3
厦门大学	23	1.20	0.0861	22.0
浙江大学	24	0.70	0.0686	17.5
北京师范大学	25	0.70	0.0686	17.5
北京工商大学	26	0.70	0.0686	17.5
扬州大学	27	0.70	0.0686	17.5

续表

院校名称	2014年排名	论文数	评价得分	财务管理研究力指数
重庆理工大学	28	0.70	0.0686	17.5
北京交通大学	29	0.58	0.0564	14.4
石河子大学	30	1.43	0.0535	13.7
郑州航空工业管理学院	31	1.00	0.0530	13.5
云南财经大学	32	1.00	0.0530	13.5
江苏大学	33	0.53	0.0523	13.3
暨南大学	34	0.50	0.0490	12.5
东南大学	35	1.00	0.0420	10.7
合肥工业大学	36	1.00	0.0420	10.7
南开大学	37	0.85	0.0357	9.1
青海民族大学	38	0.33	0.0327	8.3
天津大学	39	1.00	0.0310	7.9
西北大学	40	1.00	0.0310	7.9
苏州大学	41	0.45	0.0306	7.8
浙江工商大学	42	0.23	0.0229	5.8
华东理工大学	43	0.70	0.0217	5.5

表15　　2015年中国高等院校财务管理研究力指数及排名

院校名称	2015年排名	上年排名	论文数	评价得分	财务管理研究力指数
中国人民大学	1	15	4.65	0.2309	100.0

续表

院校名称	2015年排名	上年排名	论文数	评价得分	财务管理研究力指数
中山大学	2	5	4.35	0.1966	85.1
东北财经大学	3	3	3.40	0.1693	73.3
南京大学	4	2	3.13	0.1554	67.3
对外经济贸易大学	5	6	3.10	0.1542	66.8
西南财经大学	6	1	3.20	0.1525	66.1
中国海洋大学	7	19	2.70	0.1350	58.5
中央财经大学	8	—	2.50	0.1225	53.1
北京大学	9	9	2.45	0.1224	53.0
东南大学	10	35	2.40	0.1079	46.7
中南财经政法大学	11	4	2.00	0.0990	42.9
湖南大学	12	—	1.85	0.0900	39.0
暨南大学	13	34	2.00	0.0890	38.6
北京工商大学	14	26	1.70	0.0850	36.8
郑州航空工业管理学院	15	31	1.00	0.0730	31.6
哈尔滨工业大学	16	8	1.30	0.0667	28.9
天津财经大学	17	20	1.20	0.0598	25.9
南开大学	18	37	1.20	0.0597	25.8
云南财经大学	19	32	1.00	0.0590	25.6
大连理工大学	20	—	1.00	0.0590	25.6
清华大学	21	7	1.15	0.0575	24.9
厦门大学	22	23	1.10	0.0550	23.8
辽宁工业大学	23	—	0.90	0.0531	23.0

续表

院校名称	2015年排名	上年排名	论文数	评价得分	财务管理研究力指数
四川大学	24	—	1.00	0.0500	21.7
山东大学	25	—	1.00	0.0500	21.7
武汉纺织大学	26	—	1.00	0.0500	21.7
天津理工大学	27	—	1.00	0.0500	21.7
河南财经政法大学	28	—	1.00	0.0500	21.7
北京理工大学	29	—	1.00	0.0500	21.7
安徽工业大学	30	—	1.00	0.0500	21.7
复旦大学	31	13	1.00	0.0490	21.2
西安电子科技大学	32	—	1.00	0.0450	19.5
北京交通大学	33	29	0.85	0.0417	18.0
哈尔滨师范大学	34	—	0.70	0.0413	17.9
重庆工商大学	35	—	0.80	0.0400	17.3
石河子大学	36	30	0.85	0.0400	17.3
北京化工大学	37	—	0.70	0.0350	15.2
合肥工业大学	38	36	0.65	0.0319	13.8
郑州大学	39	—	0.65	0.0319	13.8
上海财经大学	40	14	0.70	0.0280	12.1
首都经济贸易大学	41	—	0.58	0.0270	11.7
昆明理工大学	42	—	0.50	0.0235	10.2
山东财经大学	43	—	0.43	0.0200	8.7
安徽财经大学	44	12	0.35	0.0172	7.4
盐城工学院	45	—	0.35	0.0172	7.4
广州大学	46	—	0.35	0.0165	7.1

续表

院校名称	2015年排名	上年排名	论文数	评价得分	财务管理研究力指数
内蒙古大学	47	18	0.30	0.0150	6.5
中国社会科学院	48	—	0.30	0.0150	6.5
重庆科技学院	49	—	0.35	0.0140	6.1
南京农业大学	50	—	0.30	0.0120	5.2
四川师范大学	51	—	0.15	0.0075	3.2
中欧国际工商学院	52	—	0.15	0.0074	3.2
东北大学	53	10	0.15	0.0071	3.1
湖北经济学院	54	—	0.15	0.0071	3.1
贵州大学	55	—	0.15	0.0060	2.6
哈尔滨工程大学	56	—	0.10	0.0059	2.6

（四）市场营销管理研究力指数与排名

根据中国高等院校市场营销管理研究力指数的测算结果，2014年共有71篇关于市场营销管理的文献，经计算得出其中有68.3篇来自64所高等院校，占96.2%；2015年共有72篇关于市场营销管理的文献，经计算得出其中有69.9篇来自57所高等院校，占97.1%。这说明高等院校是市场营销管理方面的主要研究力量。

2014年关于市场营销管理的71篇文献，占该年管理学研究文献总数1012篇的7.0%；2015年关于市场营销管理的72篇文献，占该年管理学研究文献总数1009篇的7.1%。与工商管理的其他子学科相比，市场营销管理方面的发文数量为中等程度；市场营销管理在管理学研究中属于不热不冷的研究领域。

2014年，中国高等院校市场营销管理研究力排前10位的分别是中山大学、华中科技大学、西南财经大学、武汉大学、南开大学、渤海大学、西安交通大学、北京航空航天大学、对外经济贸易大学和吉林大学（见表16），其评价得分之和占进行市场营销管理研究的64所高等院校评价得分之和的43.1%，其发表论文数量之和占市场营销管理研究论文总数的40.1%；排第11—20位的分别是暨南大学、华东理工大学、华南理工大学、北京邮电大学、西南交通大学、重庆大学、北京大学、四川大学、江西财经大学和杭州电子科技大学，其评价得分之和占所有高等院校评价得分之和的19.4%，发表论文数量之和占市场营销管理研究论文总数的20.2%。由此可见，2014年中国高等院校市场营销管理研究力量集中度较高，排前20位的高等院校评价得分之和占所有高等院校评价得分之和的

62.5%，发表论文数量之和占市场营销管理论文总数的60.3%。

2015年，中国高等院校市场营销管理研究力排前10位的分别是西南财经大学、武汉大学、清华大学、华中科技大学、中山大学、中国人民大学、同济大学、暨南大学、中国科学技术大学和东北财经大学（见表17），它们的评价得分之和占进行市场营销管理研究的57所高等院校评价得分之和的48.8%，发表论文数量之和占市场营销管理研究论文总数的47.0%，集中度较2014年有所提高；排第11—20位的分别是北方工业大学、江苏大学、曲阜师范大学、西南交通大学、上海大学、湖南大学、浙江财经大学、重庆大学、大连理工大学和电子科技大学，其评价得分之和占所有高等院校评价得分之和的21.0%，发表论文数量之和占市场营销管理研究论文总数的17.9%。排前20位的高等院校评价得分之和占所有高等院校评价得分之和的69.8%，比2014年提升了7.3个百分点，发表论文数量之和占市场营销管理论文总数的64.9%，比2014年提升了4.6个百分点。由此可见，2015年市场营销管理研究力量在2014年较高的基础上进一步增强。

从排名的变化情况来看，2014年市场营销管理研究力排前20位的高等院校中，西南财经大学、武汉大学、华中科技大学、中山大学、暨南大学、西南交通大学和重庆大学这7所高等院校继续保持在2015年市场营销管理研究力排名的前20位中。同济大学、北方工业大学、清华大学、中国科学技术大学、大连理工大学、东北财经大学和中国人民大学分别提升了51位、46位、46位、35位、12位、20位和23位。江苏大学、曲阜师范大学、上海大学、湖南大学、浙江财经大学和电子科技大学是2015年才进入市场营销管理研究力排名名单的，分别排在第12位、第13位、第15位、第16位、第17位和第20位。

表16　　2014年中国高等院校市场营销管理研究力指数及排名

院校名称	2014年排名	论文数	评价得分	市场营销管理研究力指数
中山大学	1	5.25	0.2596	100.0
华中科技大学	2	4.35	0.2116	81.5
西南财经大学	3	3.45	0.2051	79.0
武汉大学	4	2.65	0.1635	63.0

续表

院校名称	2014年排名	论文数	评价得分	市场营销管理研究力指数
南开大学	5	3.00	0.1480	57.0
渤海大学	6	1.85	0.1429	55.0
西安交通大学	7	3.00	0.1390	53.5
北京航空航天大学	8	1.80	0.0972	37.4
对外经济贸易大学	9	1.00	0.0970	37.4
吉林大学	10	1.00	0.0970	37.4
暨南大学	11	2.00	0.0952	36.7
华东理工大学	12	1.70	0.0908	35.0
华南理工大学	13	1.70	0.0908	35.0
北京邮电大学	14	1.70	0.0834	32.1
西南交通大学	15	1.70	0.0714	27.5
重庆大学	16	1.00	0.0540	20.8
北京大学	17	1.00	0.0540	20.8
四川大学	18	1.00	0.0540	20.8
江西财经大学	19	1.00	0.0540	20.8
杭州电子科技大学	20	1.00	0.0540	20.8
昆明理工大学	21	1.00	0.0540	20.8
山东工商学院	22	1.00	0.0540	20.8
河南大学	23	1.00	0.0540	20.8
安庆师范学院	24	1.00	0.0540	20.8
河南工业大学	25	1.00	0.0540	20.8
西南大学	26	1.00	0.0540	20.8
河北工业大学	27	1.00	0.0540	20.8

续表

院校名称	2014年排名	论文数	评价得分	市场营销管理研究力指数
深圳大学	28	1.00	0.0530	20.4
中国人民大学	29	0.95	0.0501	19.3
东北财经大学	30	0.50	0.0485	18.7
大连理工大学	31	0.50	0.0485	18.7
天津师范大学	32	0.85	0.0459	17.7
厦门大学	33	1.00	0.0420	16.2
复旦大学	34	1.05	0.0406	15.6
中南财经政法大学	35	0.70	0.0371	14.3
天津大学	36	0.70	0.0371	14.3
华侨大学	37	0.85	0.0357	13.8
东南大学	38	0.65	0.0351	13.5
安徽财经大学	39	0.65	0.0351	13.5
中南大学	40	0.65	0.0345	13.3
宁夏大学	41	0.35	0.0340	13.1
华东师范大学	42	1.00	0.0310	11.9
浙江工商大学	43	1.00	0.0310	11.9
中国科学技术大学	44	1.00	0.0310	11.9
陕西师范大学	45	1.00	0.0310	11.9
中国地质大学	46	0.50	0.0270	10.4
浙江树人大学	47	0.85	0.0264	10.2
黄冈师范学院	48	0.45	0.0243	9.4
清华大学	49	0.40	0.0213	8.2
南京特殊教育师范学院	50	0.35	0.0189	7.3

续表

院校名称	2014年排名	论文数	评价得分	市场营销管理研究力指数
成都理工大学	51	0.35	0.0189	7.3
湖南商学院	52	0.35	0.0186	7.1
北京理工大学	53	0.30	0.0162	6.2
北京交通大学	54	0.30	0.0162	6.2
四川农业大学	55	0.30	0.0162	6.2
上海财经大学	56	0.30	0.0159	6.1
北方工业大学	57	0.15	0.0146	5.6
同济大学	58	0.30	0.0093	3.6
广东外语外贸大学	59	0.15	0.0081	3.1
辽宁工程技术大学	60	0.15	0.0081	3.1
上海应用技术学院	61	0.15	0.0080	3.1
闽南理工学院	62	0.15	0.0063	2.4
上海外国语大学	63	0.10	0.0042	1.6
北京工商大学	64	0.10	0.0042	1.6

表17　2015年中国高等院校市场营销管理研究力指数及排名

院校名称	2015年排名	上年排名	论文数	评价得分	市场营销管理研究力指数
西南财经大学	1	3	4.85	0.2552	100.0
武汉大学	2	4	5.78	0.2227	87.3
清华大学	3	49	3.80	0.2103	82.4

续表

院校名称	2015年排名	上年排名	论文数	评价得分	市场营销管理研究力指数
华中科技大学	4	2	4.50	0.1395	54.7
中山大学	5	1	3.20	0.1388	54.4
中国人民大学	6	29	2.85	0.1380	54.1
同济大学	7	58	2.00	0.1130	44.3
暨南大学	8	11	2.00	0.0960	37.6
中国科学技术大学	9	44	1.85	0.0931	36.5
东北财经大学	10	30	2.00	0.0870	34.1
北方工业大学	11	57	1.00	0.0730	28.6
江苏大学	12	—	1.00	0.0730	28.6
曲阜师范大学	13	—	1.00	0.0730	28.6
西南交通大学	14	15	2.00	0.0710	27.8
上海大学	15	—	0.85	0.0621	24.3
湖南大学	16	—	2.00	0.0620	24.3
浙江财经大学	17	—	1.00	0.0590	23.1
重庆大学	18	16	1.00	0.0590	23.1
大连理工大学	19	31	1.00	0.0590	23.1
电子科技大学	20	—	1.65	0.0512	20.0
浙江工商大学	21	43	0.85	0.0502	19.7
上海财经大学	22	56	1.10	0.0501	19.6
天津大学	23	36	1.00	0.0490	19.2
华中农业大学	24	—	1.55	0.0481	18.8
西安交通大学	25	7	1.00	0.0450	17.6
天津工业大学	26	—	0.85	0.0417	16.3

续表

院校名称	2015年排名	上年排名	论文数	评价得分	市场营销管理研究力指数
北京农学院	27	—	1.00	0.0400	15.7
北京航空航天大学	28	8	1.15	0.0384	15.0
兰州大学	29	—	0.70	0.0343	13.4
对外经济贸易大学	30	9	0.70	0.0315	12.3
东北大学	31	—	1.00	0.0310	12.1
山东工商学院	32	22	1.00	0.0310	12.1
中国地质大学	33	46	1.00	0.0310	12.1
东北师范大学	34	—	1.00	0.0310	12.1
广东外语外贸大学	35	59	1.00	0.0310	12.1
沈阳师范大学	36	—	1.00	0.0310	12.1
河北经贸大学	37	—	1.00	0.0310	12.1
海南大学	38	—	0.65	0.0306	12.0
华东理工大学	39	12	0.75	0.0296	11.6
西南政法大学	40	—	0.80	0.0248	9.7
南开大学	41	5	0.50	0.0245	9.6
华南理工大学	42	13	0.78	0.0240	9.4
重庆工商大学	43	—	0.70	0.0217	8.5
贵州财经大学	44	—	0.70	0.0217	8.5
中国社会科学院	45	—	0.35	0.0165	6.4
复旦大学	46	34	0.45	0.0140	5.5
安徽财经大学	47	39	0.45	0.0140	5.5
中南财经政法大学	48	35	0.35	0.0109	4.3
西南民族大学	49	—	0.15	0.0089	3.5

续表

院校名称	2015年排名	上年排名	论文数	评价得分	市场营销管理研究力指数
重庆文理学院	50	—	0.20	0.0062	2.4
北京交通大学	51	54	0.15	0.0060	2.4
北京理工大学	52	53	0.10	0.0049	1.9
武汉东湖学院	53	—	0.15	0.0047	1.8
吉首大学	54	—	0.15	0.0047	1.8
重庆三峡学院	55	—	0.15	0.0047	1.8
中国矿业大学	56	—	0.08	0.0023	0.9
江西师范大学	57	—	0.08	0.0023	0.9

（五）创新管理研究力指数与排名

根据中国高等院校创新管理研究力指数的测算结果，2014年共有210篇关于创新管理的文献，其中有201.9篇来自105所高等院校，占96.1%；2015年共有226篇关于创新管理的研究文献，其中有215.5篇来自137所高等院校，占95.4%。这说明高等院校是研究创新管理的主要力量。

2014年关于创新管理的210篇文献，占该年管理学研究文献总数1012篇的20.8%；2015年关于创新管理的226篇文献，占该年管理学研究文献总数1009篇的22.4%。与工商管理的其他子学科相比,创新管理方面的发文数量最多,是近来工商管理研究的最热领域。

2014年,中国高等院校创新管理研究力排前10位的分别是浙江大学、吉林大学、西安交通大学、南开大学、清华大学、中南大学、中国科学院、华南理工大学、东北财经大学和大连理工大学(见表18),其评价得分之和占所有高等院校评价得分之和的37.0%,发表论文数量之和占创新管理研究论文总数的36.1%;排第11—20位的分别是浙江工商大学、中国人民大学、中山大学、华侨大学、南京大学、浙江工业大学、西安理工大学、哈尔滨工程大学、南京航空航天大学和北京交通大学,其评价得分之和占所有高等院校评价得分之和的18.6%,发表论文数量之和占创新管理研究论文总数的18.0%。综合来看,创新管理研究力排前20位的高等院校评价得分之和占所有高等院校评价得分之和的55.6%,发表论文数量之和占创新管理研究论文总数的54.1%。

2015年,中国高等院校创新管理研究力排前10位的分别是西安交通大学、浙江大学、中国科学院、大连理工大学、南开大学、华中科技大学、华南理工大学、南京大学、吉林大学和西南财经大学（见表19），其评价得分之和占所有高等院校评价得分之和的34.1%，发表论文数量之和占创新管理研究论文总数的34.5%；排第11—20位的分别是清华大学、同济大学、西安理工大学、中国人民大学、对外经济贸易大学、哈尔滨工业大学、福州大学、华侨大学、中南大学和浙江工商大学，其评价得分之和占所有高等院校评价得分之和的18.0%，发表论文数量之和占创新管理研究论文总数的18.8%。综合来看，2015年创新管理研究力排前20位的高等院校评价得分之和占所有高等院校评价得分之和的52.1%，较2014年下降3.5个百分点；发表论文数量之和占创新管理研究论文总数的53.3%，较2014年下降了0.8个百分点。

从排名的变化情况来看，2014年创新管理研究力排前20位的高等院校中，西安交通大学、浙江大学、中国科学院、大连理工大学、南开大学、华南理工大学、南京大学、吉林大学、清华大学、西安理工大学、中国人民大学、华侨大学、中南大学和浙江工商大学这14所高等院校保持在2015年排名的前20位中。西南财经大学、福州大学、哈尔滨工业大学、华中科技大学、同济大学和对外经济贸易大学排名分别提升了80位、56位、16位、15位、15位和11位。

表18　2014年中国高等院校创新管理研究力指数及排名

院校名称	2014年排名	论文数	评价得分	创新管理研究力指数
浙江大学	1	16.20	0.7853	100.0
吉林大学	2	8.85	0.4411	56.2
西安交通大学	3	8.10	0.4374	55.7
南开大学	4	7.55	0.4344	55.3
清华大学	5	6.85	0.3435	43.7
中南大学	6	5.00	0.3173	40.4
中国科学院	7	5.65	0.2603	33.1
华南理工大学	8	5.85	0.2596	33.1
东北财经大学	9	4.05	0.2360	30.0
大连理工大学	10	4.80	0.2131	27.1
浙江工商大学	11	5.58	0.2089	26.6
中国人民大学	12	4.00	0.2073	26.4
中山大学	13	3.00	0.2060	26.2
华侨大学	14	4.05	0.2026	25.8
南京大学	15	4.30	0.2023	25.8
浙江工业大学	16	4.35	0.1924	24.5
西安理工大学	17	3.25	0.1721	21.9

续表

院校名称	2014年排名	论文数	评价得分	创新管理研究力指数
哈尔滨工程大学	18	2.85	0.1675	21.3
南京航空航天大学	19	3.00	0.1620	20.6
北京交通大学	20	2.00	0.1510	19.2
华中科技大学	21	3.05	0.1417	18.0
山东大学	22	3.00	0.1390	17.7
厦门大学	23	2.50	0.1343	17.1
电子科技大学	24	2.53	0.1285	16.4
南京财经大学	25	2.40	0.1279	16.3
对外经济贸易大学	26	1.30	0.1261	16.1
同济大学	27	2.30	0.1242	15.8
哈尔滨理工大学	28	2.15	0.1226	15.6
东南大学	29	2.00	0.1080	13.8
温州大学	30	2.00	0.1080	13.8
湖南大学	31	2.00	0.1080	13.8
哈尔滨工业大学	32	1.85	0.0999	12.7
东北大学	33	1.00	0.0980	12.5
北京航空航天大学	34	1.80	0.0972	12.4
太原理工大学	35	2.00	0.0960	12.2
苏州大学	36	2.15	0.0921	11.7
浙江财经大学	37	1.78	0.0866	11.0
武汉理工大学	38	2.00	0.0730	9.3
杭州师范大学	39	2.10	0.0728	9.3
江南大学	40	1.55	0.0676	8.6

续表

院校名称	2014年排名	论文数	评价得分	创新管理研究力指数
北京科技大学	41	1.95	0.0671	8.5
中国科学技术大学	42	1.35	0.0649	8.3
杭州电子科技大学	43	1.40	0.0595	7.6
武汉大学	44	1.15	0.0587	7.5
北京林业大学	45	1.05	0.0567	7.2
重庆大学	46	1.00	0.0540	6.9
浙江师范大学	47	1.00	0.0540	6.9
天津大学	48	1.00	0.0540	6.9
南京审计大学	49	1.00	0.0540	6.9
渤海大学	50	1.00	0.0540	6.9
安徽大学	51	1.00	0.0540	6.9
上海对外经贸大学	52	1.00	0.0540	6.9
湖南第一师范学院	53	1.00	0.0540	6.9
武汉纺织大学	54	1.00	0.0540	6.9
福建农林大学	55	1.00	0.0540	6.9
昆明理工大学	56	1.00	0.0540	6.9
河南工业大学	57	1.00	0.0540	6.9
上海交通大学	58	1.30	0.0538	6.9
天津理工大学	59	0.93	0.0500	6.4
湖北工业大学	60	1.05	0.0487	6.2
广东工业大学	61	0.90	0.0486	6.2
中南财经政法大学	62	0.85	0.0459	5.8
内蒙古工业大学	63	0.85	0.0459	5.8

续表

院校名称	2014年排名	论文数	评价得分	创新管理研究力指数
湖北大学	64	0.85	0.0459	5.8
辽宁科技大学	65	0.85	0.0459	5.8
鲁东大学	66	0.85	0.0459	5.8
四川大学	67	1.00	0.0420	5.3
复旦大学	68	1.00	0.0379	4.8
北京理工大学	69	1.00	0.0379	4.8
重庆理工大学	70	0.70	0.0378	4.8
广东机电职业技术学院	71	0.70	0.0378	4.8
华东政法大学	72	0.70	0.0378	4.8
福州大学	73	0.70	0.0378	4.8
中北大学	74	0.70	0.0378	4.8
湖南工业大学	75	0.35	0.0340	4.3
浙江理工大学	76	0.75	0.0335	4.3
中国社会科学院	77	0.78	0.0326	4.1
上海大学	78	1.00	0.0310	3.9
郑州大学	79	1.00	0.0310	3.9
河南大学	80	1.00	0.0310	3.9
河北经贸大学	81	1.00	0.0310	3.9
长安大学	82	1.00	0.0310	3.9
宁波大红鹰学院	83	1.00	0.0310	3.9
台州学院	84	1.00	0.0310	3.9
江西财经大学	85	1.00	0.0310	3.9

续表

院校名称	2014年排名	论文数	评价得分	创新管理研究力指数
北京大学	86	0.53	0.0283	3.6
浙江树人大学	87	0.85	0.0264	3.4
安徽工业大学	88	0.85	0.0264	3.4
西安电子科技大学	89	0.45	0.0243	3.1
西南财经大学	90	0.70	0.0217	2.8
桂林理工大学	91	0.70	0.0217	2.8
西安邮电大学	92	0.70	0.0217	2.8
岭南师范学院	93	0.70	0.0217	2.8
湖南财政经济学院	94	0.35	0.0189	2.4
上海财经大学	95	0.30	0.0093	1.2
哈尔滨商业大学	96	0.30	0.0093	1.2
北京工业大学	97	0.15	0.0081	1.0
东北农业大学	98	0.15	0.0081	1.0
北京师范大学	99	0.15	0.0063	0.8
西北大学	100	0.10	0.0054	0.7
天津工业大学	101	0.10	0.0054	0.7
广西民族大学	102	0.15	0.0047	0.6
陕西师范大学	103	0.15	0.0047	0.6
山东财经大学	104	0.08	0.0041	0.5
华北电力大学	105	0.04	0.0016	0.2

表 19　　2015 年中国高等院校创新管理研究力指数及排名

院校名称	2015年排名	上年排名	论文数	评价得分	创新管理研究力指数
西安交通大学	1	3	10.98	0.5418	100.0
浙江大学	2	1	10.46	0.5338	98.5
中国科学院	3	7	8.18	0.4417	81.5
大连理工大学	4	10	8.60	0.4154	76.7
南开大学	5	4	9.35	0.3568	65.9
华中科技大学	6	21	5.80	0.2672	49.3
华南理工大学	7	8	6.20	0.2636	48.7
南京大学	8	15	5.20	0.2592	47.8
吉林大学	9	2	4.93	0.2346	43.3
西南财经大学	10	90	4.50	0.2345	43.3
清华大学	11	5	4.30	0.2298	42.4
同济大学	12	27	4.65	0.2205	40.7
西安理工大学	13	17	4.45	0.2164	39.9
中国人民大学	14	12	4.85	0.2145	39.6
对外经济贸易大学	15	26	4.65	0.1981	36.6
哈尔滨工业大学	16	32	4.20	0.1792	33.1
福州大学	17	73	3.70	0.1665	30.7
华侨大学	18	14	3.70	0.1525	28.1
中南大学	19	6	3.58	0.1505	27.8
浙江工商大学	20	11	2.45	0.1425	26.3
湖南大学	21	31	4.00	0.1422	26.2
武汉大学	22	44	2.15	0.1409	26.0

续表

院校名称	2015年排名	上年排名	论文数	评价得分	创新管理研究力指数
天津工业大学	23	101	2.35	0.1393	25.7
重庆大学	24	46	2.15	0.1269	23.4
四川大学	25	67	2.60	0.1225	22.6
北京邮电大学	26	—	2.15	0.1185	21.9
上海交通大学	27	58	2.00	0.1040	19.2
西北大学	28	100	2.00	0.1040	19.2
西北工业大学	29	—	2.15	0.0989	18.2
东北大学	30	33	2.80	0.0958	17.7
兰州大学	31	—	2.35	0.0932	17.2
浙江工业大学	32	16	1.50	0.0885	16.3
山西财经大学	33	—	1.50	0.0885	16.3
北京大学	34	86	1.15	0.0756	13.9
中山大学	35	13	2.00	0.0738	13.6
哈尔滨工程大学	36	18	1.25	0.0731	13.5
湖南师范大学	37	—	1.00	0.0730	13.5
重庆工商大学	38	—	1.80	0.0710	13.1
重庆理工大学	39	70	1.15	0.0679	12.5
浙江万里学院	40	—	1.15	0.0679	12.5
浙江财经大学	41	37	1.50	0.0675	12.5
山东财经大学	42	104	1.15	0.0658	12.1
温州大学	43	30	1.35	0.0657	12.1
哈尔滨理工大学	44	28	1.20	0.0652	12.0
江南大学	45	40	1.25	0.0640	11.8

续表

院校名称	2015年排名	上年排名	论文数	评价得分	创新管理研究力指数
天津大学	46	48	1.50	0.0639	11.8
浙江树人大学	47	87	1.40	0.0630	11.6
湖南农业大学	48	—	1.08	0.0627	11.6
重庆邮电大学	49	—	0.85	0.0621	11.5
天津理工大学	50	59	1.25	0.0612	11.3
上海大学	51	78	1.00	0.0590	10.9
西南大学	52	—	1.00	0.0590	10.9
山西大学	53	—	1.00	0.0590	10.9
广东金融学院	54	—	1.00	0.0590	10.9
河北经贸大学	55	81	1.00	0.0590	10.9
深圳职业技术学院	56	—	1.00	0.0590	10.9
北京理工大学	57	69	0.90	0.0531	9.8
辽宁工业大学	58	—	0.90	0.0531	9.8
华东理工大学	59	—	1.15	0.0518	9.6
广东工业大学	60	61	1.00	0.0506	9.3
天津财经大学	61	—	1.00	0.0490	9.0
北京科技大学	62	41	0.95	0.0462	8.5
中南财经政法大学	63	62	1.00	0.0450	8.3
中国科学技术大学	64	42	1.00	0.0450	8.3
北京信息科技大学	65	—	1.00	0.0450	8.3
杭州电子科技大学	66	43	1.00	0.0450	8.3
东南大学	67	29	0.75	0.0415	7.7
复旦大学	68	68	0.70	0.0413	7.6

续表

院校名称	2015年排名	上年排名	论文数	评价得分	创新管理研究力指数
上海理工大学	69	—	0.70	0.0413	7.6
武汉科技大学	70	—	0.70	0.0413	7.6
哈尔滨商业大学	71	96	0.70	0.0413	7.6
哈尔滨师范大学	72	—	0.70	0.0413	7.6
西安外国语大学	73	—	0.70	0.0413	7.6
四川外国语大学	74	—	0.70	0.0413	7.6
苏州科技学院	75	—	0.70	0.0413	7.6
大连外国语大学	76	—	0.70	0.0413	7.6
中南林业科技大学	77	—	0.70	0.0413	7.6
南京航空航天大学	78	19	0.90	0.0405	7.5
浙江商业职业技术学院	79	—	1.00	0.0400	7.4
西南政法大学	80	—	1.00	0.0400	7.4
中国矿业大学	81	—	0.65	0.0384	7.1
陕西师范大学	82	103	0.65	0.0384	7.1
广西师范大学	83	—	1.00	0.0352	6.5
上海对外经贸大学	84	52	0.70	0.0343	6.3
武汉理工大学	85	38	0.95	0.0337	6.2
安徽财经大学	86	—	1.05	0.0326	6.0
湖北大学	87	64	0.70	0.0315	5.8
首都经济贸易大学	88	—	0.70	0.0315	5.8
台州学院	89	84	0.70	0.0315	5.8
上海立信会计学院	90	—	1.00	0.0310	5.7

续表

院校名称	2015年排名	上年排名	论文数	评价得分	创新管理研究力指数
广西科技大学	91	—	1.00	0.0310	5.7
昆明理工大学	92	56	0.45	0.0301	5.5
北京交通大学	93	20	0.50	0.0295	5.4
湘潭大学	94	—	0.50	0.0295	5.4
东莞职业技术学院	95	—	0.50	0.0295	5.4
辽宁大学	96	—	0.70	0.0280	5.2
南京农业大学	97	—	0.45	0.0266	4.9
北京航空航天大学	98	34	0.85	0.0264	4.9
南京工程学院	99	—	0.85	0.0264	4.9
华南师范大学	100	—	0.70	0.0217	4.0
西南民族大学	101	—	0.70	0.0217	4.0
北京石油化工学院	102	—	0.70	0.0217	4.0
安徽大学	103	51	0.35	0.0207	3.8
北京化工大学	104	—	0.35	0.0207	3.8
浙江理工大学	105	76	0.35	0.0207	3.8
大连海事大学	106	—	0.30	0.0177	3.3
辽宁对外经贸学院	107	—	0.50	0.0155	2.9
黑龙江外国语学院	108	—	0.20	0.0146	2.7
太原科技大学	109	—	0.20	0.0118	2.2
南京财经大学	110	25	0.35	0.0109	2.0
武汉东湖学院	111	—	0.35	0.0109	2.0
上海师范大学	112	—	0.30	0.0093	1.7
北京师范大学	113	99	0.15	0.0089	1.6

续表

院校名称	2015年排名	上年排名	论文数	评价得分	创新管理研究力指数
浙江农林大学	114	—	0.15	0.0089	1.6
南京审计大学	115	49	0.15	0.0089	1.6
桂林电子科技大学	116	—	0.15	0.0089	1.6
西安电子科技大学	117	89	0.15	0.0089	1.6
空军工程大学	118	—	0.15	0.0089	1.6
成都中医药大学	119	—	0.15	0.0089	1.6
燕山大学	120	—	0.15	0.0074	1.4
沈阳工业大学	121	—	0.15	0.0060	1.1
北京第二外国语学院	122	—	0.15	0.0060	1.1
河南大学	123	80	0.15	0.0060	1.1
苏州大学	124	36	0.10	0.0059	1.1
深圳大学	125	—	0.10	0.0059	1.1
北京印刷学院	126	—	0.10	0.0059	1.1
厦门大学	127	23	0.10	0.0050	0.9
中央财经大学	128	—	0.10	0.0049	0.9
西北师范大学	129	—	0.10	0.0049	0.9
中国社会科学院	130	77	0.15	0.0047	0.9
辽宁理工学院	131	—	0.10	0.0045	0.8
常州大学	132	—	0.10	0.0045	0.8
华东交通大学	133	—	0.08	0.0044	0.8
大庆师范学院	134	—	0.08	0.0044	0.8
集美大学	135	—	0.10	0.0031	0.6
西交利物浦大学	136	—	0.08	0.0023	0.4
浙江科技学院	137	—	0.04	0.0022	0.4

（六）组织与运营管理研究力指数与排名

根据中国高等院校组织与运营管理研究力指数的测算结果，2014年共有73篇关于组织与运营管理的文献，其中有69.2篇来自67所高等院校，占94.8%；2015年共有68篇关于组织与运营管理的研究文献，其中有67.8篇来自64所高等院校，占99.7%。

2014年关于组织与运营管理的73篇文献，占该年管理学研究文献总数1012篇的7.2%（其中，组织管理47篇，占4.6%；运营管理26篇，占2.6%）。2015年关于组织与运营管理的68篇文献，占该年管理学研究文献总数1009篇的6.7%（其中，组织管理39篇，占3.9%；运营管理29篇，占2.9%）。[①]

2014年，中国高等院校组织与运营管理研究力排前10位的分别是南开大学、东北财经大学、西安交通大学、南京大学、吉林大学、武汉大学、中国社会科学院、中国人民大学、华中科技大学和对外经济贸易大学（见表20），其评价得分之和占所有高等院校评价得分之和的38.3%，发表论文数量之和占组织与运营管理

---

① 由于四舍五入，组织管理与运营管理分别占研究文献总数的比重之和（3.9% + 2.9%）与二者之和占研究文献总数的比重（6.7%）略有出入。

研究论文总数的35.6%；排第11—20位的分别是天津大学、西南财经大学、上海交通大学、同济大学、浙江工商大学、清华大学、大连理工大学、苏州大学、山东大学和中国石油大学，其评价得分之和占所有高等院校评价得分之和的23.6%，发表论文数量之和占组织与运营管理研究论文总数的23.0%。综合来看，排前20位的高等院校评价得分之和占所有高等院校评价得分之和的61.9%，发表论文数量之和占组织与运营管理研究论文总数的58.6%。

2015年，中国高等院校组织与运营管理研究力排前10位的分别是大连理工大学、南京大学、中国人民大学、西安交通大学、西南财经大学、中南财经政法大学、华中科技大学、中国科学院、对外经济贸易大学和中南大学（见表21），其评价得分之和占所有高等院校评价得分之和的41.4%，发表论文数量之和占组织与运营管理研究论文总数的41.4%，集中度与2014年相比均有所提升；排第11—20位的分别是南开大学、武汉纺织大学、郑州航空工业管理学院、北京航空航天大学、东南大学、武汉大学、天津理工大学、哈尔滨工业大学、昆明理工大学和华南理工大学，其评价得分之和占所有高等院校评价得分之和的20.7%,发表论文数量之和占组织与运营管理研究论文总数的19.0%,集中度较2014年均有所下降。综合来看,2015年,进行组织与运营管理研究的高等院校中,前20位的评价得分之和占所有高等院校评价得分之和的62.1%,较2014年提升了0.2个百分点;发表论文数量之和占组织与运营管理研究论文总数的60.4%,较2014年提升了1.8个百分点。

从排名的变化情况来看,2014年组织与运营管理研究力排前20位的高等院校中,只有大连理工大学、南京大学、中国人民大学、西安交通大学、西南财经大学、华中科技大学、对外经济贸易大学、南开大学和武汉大学这9所高等院校继续保持在2015年排名的前20位中。北京航空航天大学、中南财经政法大学、东南大学、中国科学院和天津理工大学的排名分别提升了51位、42位、39位、23位和11位。中南大学、武汉纺织大学、郑州航空工业管理学院、哈尔滨工业大学、昆明理工大学和华南理工大学是2015年才进入排名名单的,分别位于第10位、第12位、第13位、第18位、第19位和第20位。

表 20　2014 年中国高等院校组织与运营管理研究力指数及排名

院校名称	2014 年排名	论文数	评价得分	组织与运营管理研究力指数
南开大学	1	4.30	0.2317	100.0
东北财经大学	2	3.15	0.2141	92.4
西安交通大学	3	2.70	0.1458	62.9
南京大学	4	2.78	0.1371	59.2
吉林大学	5	1.85	0.1365	58.9
武汉大学	6	1.90	0.1026	44.3
中国社会科学院	7	1.85	0.0999	43.1
中国人民大学	8	2.08	0.0992	42.8
华中科技大学	9	2.60	0.0990	42.7
对外经济贸易大学	10	1.40	0.0973	42.0
天津大学	11	1.00	0.0970	41.9
西南财经大学	12	2.20	0.0968	41.8
上海交通大学	13	2.00	0.0960	41.4
同济大学	14	2.15	0.0913	39.4
浙江工商大学	15	1.70	0.0834	36.0
清华大学	16	1.65	0.0822	35.5
大连理工大学	17	1.50	0.0810	35.0
苏州大学	18	1.70	0.0747	32.2
山东大学	19	1.30	0.0702	30.3
中国石油大学	20	0.70	0.0679	29.3
电子科技大学	21	1.65	0.0661	28.5
西北工业大学	22	1.15	0.0621	26.8

续表

院校名称	2014年排名	论文数	评价得分	组织与运营管理研究力指数
中山大学	23	1.15	0.0603	26.0
浙江大学	24	1.00	0.0540	23.3
合肥工业大学	25	1.00	0.0540	23.3
重庆大学	26	1.00	0.0540	23.3
上海对外经贸大学	27	1.00	0.0540	23.3
天津理工大学	28	1.00	0.0540	23.3
中国农业大学	29	1.00	0.0540	23.3
西安理工大学	30	1.00	0.0530	22.9
中国科学院	31	1.30	0.0472	20.4
复旦大学	32	1.15	0.0450	19.4
暨南大学	33	0.90	0.0378	16.3
山东财经大学	34	0.70	0.0378	16.3
北京邮电大学	35	0.70	0.0378	16.3
山东工商学院	36	0.70	0.0378	16.3
宁波工程学院	37	0.70	0.0378	16.3
厦门大学	38	0.85	0.0357	15.4
中央财经大学	39	0.40	0.0345	14.9
北京大学	40	0.65	0.0315	13.6
浙江工业大学	41	1.00	0.0310	13.4
五邑大学	42	0.70	0.0294	12.7
内蒙古大学	43	0.70	0.0294	12.7
湖南大学	44	0.50	0.0270	11.7
华北水利水电大学	45	0.50	0.0270	11.7

续表

院校名称	2014年排名	论文数	评价得分	组织与运营管理研究力指数
南京财经大学	46	0.80	0.0248	10.7
上海海事大学	47	0.45	0.0225	9.7
中南财经政法大学	48	0.70	0.0217	9.4
上海理工大学	49	0.70	0.0217	9.4
西安电子科技大学	50	0.35	0.0189	8.2
深圳大学	51	0.35	0.0189	8.2
天津财经大学	52	0.35	0.0186	8.0
首都经济贸易大学	53	0.30	0.0162	7.0
东南大学	54	0.30	0.0126	5.4
汕头大学	55	0.30	0.0126	5.4
上海立信会计学院	56	0.30	0.0093	4.0
西交利物浦大学	57	0.15	0.0081	3.5
宁波大学	58	0.15	0.0081	3.5
太原理工大学	59	0.15	0.0080	3.4
上海财经大学	60	0.15	0.0063	2.7
中南民族大学	61	0.10	0.0054	2.3
华中农业大学	62	0.10	0.0054	2.3
西北师范大学	63	0.10	0.0054	2.3
华东师范大学	64	0.15	0.0047	2.0
北京航空航天大学	65	0.15	0.0047	2.0
中国传媒大学	66	0.08	0.0040	1.7
湖北大学	67	0.10	0.0031	1.3

表 21　2015 年中国高等院校组织与运营管理研究力指数及排名

院校名称	2015年排名	上年排名	论文数	评价得分	组织与运营管理研究力指数
大连理工大学	1	17	4.78	0.2257	100.0
南京大学	2	4	3.78	0.2194	97.2
中国人民大学	3	8	4.20	0.1521	67.4
西安交通大学	4	3	3.54	0.1260	55.8
西南财经大学	5	12	2.00	0.1090	48.3
中南财经政法大学	6	48	2.00	0.1080	47.8
华中科技大学	7	9	2.65	0.1029	45.6
中国科学院	8	31	1.65	0.0974	43.1
对外经济贸易大学	9	10	1.85	0.0959	42.5
中南大学	10	—	1.58	0.0872	38.6
南开大学	11	1	2.26	0.0801	35.5
武汉纺织大学	12	—	1.00	0.0730	32.3
郑州航空工业管理学院	13	—	1.00	0.0730	32.3
北京航空航天大学	14	65	1.10	0.0663	29.4
东南大学	15	54	1.15	0.0650	28.8
武汉大学	16	6	1.54	0.0637	28.2
天津理工大学	17	28	0.85	0.0621	27.5
哈尔滨工业大学	18	—	2.00	0.0620	27.5
昆明理工大学	19	—	1.00	0.0590	26.1
华南理工大学	20	—	1.00	0.0590	26.1
杭州电子科技大学	21	—	1.00	0.0590	26.1

续表

院校名称	2015年排名	上年排名	论文数	评价得分	组织与运营管理研究力指数
深圳职业技术学院	22	—	1.00	0.0590	26.1
西安工程大学	23	—	1.00	0.0590	26.1
电子科技大学	24	21	0.80	0.0584	25.9
西安理工大学	25	30	0.80	0.0584	25.9
北京大学	26	40	1.15	0.0560	24.8
华东交通大学	27	—	1.50	0.0555	24.6
暨南大学	28	33	1.00	0.0500	22.2
北京邮电大学	29	35	1.00	0.0500	22.2
江西财经大学	30	—	1.00	0.0500	22.2
清华大学	31	16	1.20	0.0423	18.7
天津工业大学	32	—	0.70	0.0413	18.3
上海交通大学	33	13	1.30	0.0403	17.9
四川大学	34	—	0.85	0.0383	16.9
天津大学	35	11	0.95	0.0358	15.8
东北财经大学	36	2	0.70	0.0350	15.5
中山大学	37	23	0.85	0.0340	15.1
北京工商大学	38	—	0.70	0.0329	14.6
中国科学技术大学	39	—	1.00	0.0310	13.7
燕山大学	40	—	1.00	0.0310	13.7
湖北大学	41	67	0.70	0.0280	12.4
上海师范大学	42	—	0.85	0.0264	11.7
重庆大学	43	26	0.65	0.0260	11.5
中央财经大学	44	39	0.80	0.0248	11.0

续表

院校名称	2015年排名	上年排名	论文数	评价得分	组织与运营管理研究力指数
安徽大学	45	—	0.35	0.0207	9.1
兰州大学	46	—	0.35	0.0172	7.6
江西师范大学	47	—	0.35	0.0172	7.6
南京航空航天大学	48	—	0.50	0.0155	6.9
青岛农业大学	49	—	0.30	0.0150	6.6
重庆师范大学	50	—	0.35	0.0140	6.2
武汉理工大学	51	—	0.30	0.0120	5.3
哈尔滨商业大学	52	—	0.35	0.0109	4.8
大连海事大学	53	—	0.15	0.0089	3.9
太原科技大学	54	—	0.15	0.0089	3.9
西交利物浦大学	55	57	0.26	0.0084	3.7
厦门大学	56	38	0.10	0.0073	3.2
福建师范大学	57	—	0.10	0.0073	3.2
西南石油大学	58	—	0.15	0.0068	3.0
广东财经大学	59	—	0.15	0.0060	2.7
大连工业大学	60	—	0.08	0.0044	2.0
湖南农业大学	61	—	0.08	0.0037	1.6
青岛大学	62	—	0.10	0.0031	1.4
北京工业大学	63	—	0.10	0.0031	1.4
武汉轻工大学	64	—	0.04	0.0012	0.5

（七）人力资源管理研究力指数与排名

根据中国高等院校人力资源管理研究力指数的测算结果，2014年共有74篇关于人力资源管理的文献，其中有72.2篇来自56所高等院校，占97.6%；2015年共有98篇关于人力资源管理的文献，其中有92.3篇来自77所高等院校，占94.2%。这说明高等院校是人力资源管理方面的主要研究力量。

2014年关于人力资源管理的74篇文献，占该年管理学研究文献总数1012篇的7.3%；2015年关于人力资源管理的98篇文献，占该年管理学研究文献总数1009篇的9.7%。

2014年，中国高等院校人力资源管理研究力排前10位的分别是华中科技大学、武汉大学、华南理工大学、南京大学、清华大学、南开大学、西安交通大学、东北财经大学、西南财经大学和广东财经大学（见表22），其评价得分之和占56所高等院校评价得分之和的45.7%，发表论文数量之和占人力资源管理研究论文总数的45.3%；排第11—20位的分别是中国人民大学、中南财经政法大学、山东财经大学、中山大学、中央财经大学、北京航空航天大学、上海交通大学、暨南大学、中国社会科学院和华东理工大学，其评价得分之和占所有高等院校评价得分之和的 20.6%，发表论文数量之和占人力资源管理研究论文总数的 18.6%。综合来看，排前 20 位的高等院校评价得分之和占所有高等院校评价得分之和的 66.3%，发表论文数量之和占人力资源管理研究论文总数的 63.9%。

2015 年，中国高等院校人力资源管理研究力排前 10 位的分别是南京大学、上海对外经贸大学、南开大学、复旦大学、暨南大学、浙江工业大学、华中科技大学、中央财经大学、西安交通大学和西南财经大学（见表 23），它们的评价得分之和占 2015 年进行人力资源管理研究的 77 所高等院校评价得分之和的 38.0%，发表论文数量之和占人力资源管理论文总数的 36.9%，集中度较 2014 年均有所下降；排第 11—20 位的分别是武汉理工大学、华南理工大学、浙江工商大学、中南财经政法大学、中山大学、同济大学、上海大学、福州大学、上海交通大学和广东财经大学，其评价得分之和占所有高等院校评价得分之和的 20.9%，发表论文数量之和占人力资源管理研究论文总数的 21.6%，集中度较上年略有提高。综合来看，排前 20 位的高等院校评价得分之和占所有高等院校评价得分之和的58.9%,发表论文数量之和占人力资源管理研究论文总数的58.5%。

从排名的变化情况来看,2014年人力资源管理研究力排前20位的高等院校中,南京大学、南开大学、暨南大学、华中科技大学、中央财经大学、西安交通大学、西南财经大学、华南理工大学、中南财经政法大学、中山大学、上海交通大学和广东财经大学这12所高等院校保持在2015年排名的前20位中。武汉理工大学和上海大学排名分别提升了38位和8位。上海对外经贸大学、复旦大学、浙江工业大学、浙江工商大学、同济大学和福州大学是2015年才进入排名名单的,分别位于第2位、第4位、第6位、第13位、第16位和第18位。

表22　　　2014年中国高等院校人力资源管理研究力指数及排名

院校名称	2014年排名	论文数	评价得分	人力资源管理研究力指数
华中科技大学	1	6.25	0.3567	100.0
武汉大学	2	2.85	0.1979	55.5

续表

院校名称	2014年排名	论文数	评价得分	人力资源管理研究力指数
华南理工大学	3	4.00	0.1930	54.1
南京大学	4	3.38	0.1823	51.1
清华大学	5	3.05	0.1578	44.2
南开大学	6	2.78	0.1489	41.7
西安交通大学	7	2.60	0.1394	39.1
东北财经大学	8	3.00	0.1380	38.7
西南财经大学	9	2.95	0.1361	38.2
广东财经大学	10	1.85	0.1337	37.5
中国人民大学	11	2.85	0.1281	35.9
中南财经政法大学	12	2.00	0.1245	34.9
山东财经大学	13	1.00	0.0980	27.5
中山大学	14	1.00	0.0980	27.5
中央财经大学	15	0.70	0.0686	19.2
北京航空航天大学	16	1.70	0.0637	17.9
上海交通大学	17	1.10	0.0584	16.4
暨南大学	18	1.05	0.0551	15.4
中国社会科学院	19	1.00	0.0540	15.1
华东理工大学	20	1.00	0.0540	15.1
东北大学	21	1.00	0.0540	15.1
大连理工大学	22	1.00	0.0540	15.1
湖南大学	23	1.00	0.0540	15.1
首都经济贸易大学	24	1.00	0.0540	15.1
上海大学	25	1.00	0.0540	15.1

续表

院校名称	2014年排名	论文数	评价得分	人力资源管理研究力指数
安徽大学	26	1.00	0.0540	15.1
华南师范大学	27	1.00	0.0540	15.1
深圳大学	28	1.00	0.0540	15.1
江南大学	29	1.00	0.0540	15.1
重庆大学	30	1.00	0.0530	14.9
苏州大学	31	1.00	0.0530	14.9
天津理工大学	32	0.93	0.0500	14.0
湘潭大学	33	0.93	0.0500	14.0
燕山大学	34	0.85	0.0459	12.9
重庆工商大学	35	1.00	0.0420	11.8
太原理工大学	36	1.00	0.0420	11.8
南京审计大学	37	0.78	0.0419	11.7
南京邮电大学	38	0.70	0.0378	10.6
中国地质大学	39	0.70	0.0378	10.6
西安电子科技大学	40	0.70	0.0378	10.6
西北大学	41	0.70	0.0378	10.6
山东大学	42	0.70	0.0378	10.6
中南大学	43	0.65	0.0345	9.7
哈尔滨工业大学	44	1.00	0.0310	8.7
西北工业大学	45	1.00	0.0310	8.7
郑州航空工业管理学院	46	1.00	0.0310	8.7
上海财经大学	47	0.70	0.0294	8.2

续表

院校名称	2014年排名	论文数	评价得分	人力资源管理研究力指数
北京物资学院	48	0.30	0.0294	8.2
武汉理工大学	49	0.50	0.0210	5.9
湖南商学院	50	0.35	0.0186	5.2
北京大学	51	0.10	0.0098	2.7
东北石油大学	52	0.15	0.0081	2.3
厦门大学	53	0.10	0.0054	1.5
内蒙古工业大学	54	0.10	0.0054	1.5
江西农业大学	55	0.10	0.0053	1.5
湖南女子学院	56	0.08	0.0041	1.1

表23　2015年中国高等院校人力资源管理研究力指数及排名

院校名称	2015年排名	上年排名	论文数	评价得分	人力资源管理研究力指数
南京大学	1	4	7.68	0.3065	100.0
上海对外经贸大学	2	—	3.70	0.1887	61.6
南开大学	3	6	5.20	0.1786	58.3
复旦大学	4	—	2.65	0.1350	44.0
暨南大学	5	18	3.08	0.1347	44.0
浙江工业大学	6	—	2.00	0.1180	38.5
华中科技大学	7	1	2.85	0.1166	38.0
中央财经大学	8	15	1.90	0.1163	37.9

续表

院校名称	2015年排名	上年排名	论文数	评价得分	人力资源管理研究力指数
西安交通大学	9	7	3.00	0.1110	36.2
西南财经大学	10	9	2.00	0.1080	35.2
武汉理工大学	11	49	2.40	0.0947	30.9
华南理工大学	12	3	2.85	0.0940	30.7
浙江工商大学	13	—	1.80	0.0901	29.4
中南财经政法大学	14	12	1.85	0.0900	29.3
中山大学	15	14	2.23	0.0897	29.3
同济大学	16	—	1.85	0.0812	26.5
上海大学	17	25	1.70	0.0770	25.1
福州大学	18	—	1.70	0.0765	25.0
上海交通大学	19	17	2.15	0.0709	23.1
广东财经大学	20	10	1.40	0.0686	22.4
中国人民大学	21	11	1.95	0.0647	21.1
东南大学	22	—	1.10	0.0621	20.3
电子科技大学	23	—	0.90	0.0615	20.1
大连理工大学	24	22	1.00	0.0590	19.2
华南师范大学	25	27	1.30	0.0547	17.8
苏州大学	26	31	1.15	0.0537	17.5
辽宁工业大学	27	—	0.90	0.0531	17.3
上海财经大学	28	47	0.93	0.0517	16.9
西北大学	29	41	1.00	0.0490	16.0
东北财经大学	30	8	1.00	0.0470	15.3
中国科学院	31	—	1.00	0.0450	14.7

续表

院校名称	2015年排名	上年排名	论文数	评价得分	人力资源管理研究力指数
温州大学	32	—	1.00	0.0450	14.7
山东工商学院	33	—	0.58	0.0420	13.7
湖北工业大学	34	—	0.70	0.0413	13.5
广东工业大学	35	—	0.70	0.0413	13.5
首都经济贸易大学	36	24	0.70	0.0413	13.5
天津理工大学	37	32	0.90	0.0405	13.2
宜春学院	38	—	1.00	0.0400	13.1
湖南大学	39	23	0.85	0.0400	13.0
北京工业大学	40	—	1.00	0.0394	12.9
四川大学	41	—	1.15	0.0370	12.1
湘潭大学	42	33	0.70	0.0343	11.2
北京工商大学	43	—	1.10	0.0341	11.1
中国社会科学院	44	19	0.70	0.0329	10.7
武汉大学	45	2	1.00	0.0310	10.1
吉林大学	46	—	1.00	0.0310	10.1
海南大学	47	—	1.00	0.0310	10.1
燕山大学	48	34	1.00	0.0310	10.1
浙江大学	49	—	0.70	0.0280	9.1
安徽大学	50	26	0.90	0.0279	9.1
辽宁大学	51	—	0.80	0.0248	8.1
厦门大学	52	53	0.40	0.0220	7.2
清华大学	53	5	0.70	0.0217	7.1
南京航空航天大学	54	—	0.65	0.0202	6.6

续表

院校名称	2015年排名	上年排名	论文数	评价得分	人力资源管理研究力指数
哈尔滨工业大学	55	44	0.65	0.0202	6.6
中南大学	56	43	0.65	0.0202	6.6
首都师范大学	57	—	0.30	0.0177	5.8
南京财经大学	58	—	0.50	0.0169	5.5
北京第二外国语学院	59	—	0.30	0.0141	4.6
华东交通大学	60	—	0.35	0.0140	4.6
对外经济贸易大学	61	—	0.30	0.0135	4.4
华中师范大学	62	—	0.40	0.0133	4.3
南京邮电大学	63	38	0.35	0.0109	3.5
贵州财经大学	64	—	0.35	0.0109	3.5
广东第二师范学院	65	—	0.35	0.0109	3.5
哈尔滨师范大学	66	—	0.35	0.0109	3.5
长沙学院	67	—	0.35	0.0109	3.5
北京航空航天大学	68	16	0.30	0.0093	3.0
武汉工商学院	69	—	0.30	0.0093	3.0
上海师范大学	70	—	0.30	0.0093	3.0
福建师范大学	71	—	0.10	0.0073	2.4
东北大学	72	21	0.15	0.0071	2.3
中国计量学院	73	—	0.15	0.0060	2.0
哈尔滨工程大学	74	—	0.10	0.0059	1.9
深圳大学	75	28	0.10	0.0059	1.9
北京大学	76	51	0.10	0.0049	1.6
浙江农林大学	77	—	0.10	0.0031	1.0

（八）企业文化与社会责任研究力指数与排名

根据中国高等院校企业文化与社会责任研究力指数的测算结果，2014年共有39篇关于企业文化与社会责任的文献，其中有38.1篇来自40所高等院校，占97.7%；2015年共有34篇关于企业文化与社会责任的文献，其中有32.5篇来自37所高等院校，占95.6%。

2014年关于企业文化与社会责任的39篇文献，占该年管理学研究文献总数1012篇的比例为3.9%；2015年关于企业文化与社会责任的34篇文献，占该年管理学研究文献总数1009篇的比例为3.4%。从发文量可以看出，企业文化与社会责任是管理学的偏冷研究领域。

2014年，中国高等院校企业文化与社会责任研究力排前10位的分别是中央财经大学、吉林大学、广东财经大学、上海交通大学、中国人民大学、南京理工大学、江苏大学、武汉大学、三峡大学和西安交通大学（见表24），其评价得分之和占40所高等院校评价得分之和的56.2%，发表论文数量之和占企业文化与社会责任研究论文总数的46.2%；排第11—20位的分别是清华大学、暨南大学、温州大学、山东大学、南开大学、哈尔滨工业大学、浙江大学、华中科技大学、上海财经大学和四川大学，其评价得分之和占所有高等院校评价得分之和的24.6%，发表论文数量之和占企业文化与社会责任研究论文总数的29.5%。综合来看，排前20位的高等院校评价得分之和占所有高等院校评价得分之和的80.8%，发表论文数量之和占企业文化与社会责任研究论文总数的75.7%。

2015年，中国高等院校企业文化与社会责任研究力排前10位的分别是南京大学、西南财经大学、电子科技大学、中国人民大学、合肥工业大学、大连海事大学、石河子大学、浙江大学、重庆理工大学和华南理工大学（见表25），它们的评价得分之和占2015年进行企业文化与社会责任研究的37所高等院校评价得分之和的56.9%，发表论文数量之和占企业文化与社会责任论文总数的51.5%，集中度较2014年均有所提升；排第11—20位的分别是清华大学、中山大学、上海财经大学、云南财经大学、杭州师范大学、西南大学、中国社会科学院、浙江工商大学、南开大学和吉林大学，其评价得分之和占所有高等院校评价得分之和的26.4%，发表论文数量之和占企业文化与社会责任研究论文总数的28.5%，与上年基本持平。综合来看，排前20位的高等院校评价得分之和占所有高等院校评价得分之和的83.3%，发表论文数量之和占企业文化与社会责任研究论文总数的80.0%，二者较上年均有所提升。

从排名的变化情况来看，2014年企业文化与社会责任研究力排前20位的高等院校中，中国人民大学、浙江大学、清华大学、上海财经大学、南开大学和吉林大学这6所高等院校继续保持在2015年排名的前20位中。2015年，中山大学、南京大学、浙江工商大学和华南理工大学的排名大幅提升，较2014年分别提升了25位、22位、21位和15位。西南财经大学、电子科技大学、合肥工业大学、大连海事大学、石河子大学、重庆理工大学、云南财经大学、杭州师范大学、西南大学和中国社会科学院是2015年才进入排名名单的，分别位于第2位、第3位、第5位、第6位、第7位、第9位、第14位、第15位、第16位和第17位。

表 24　　2014 年中国高等院校企业文化与社会责任研究力指数及排名

院校名称	2014 年排名	论文数	评价得分	企业文化与社会责任研究力指数
中央财经大学	1	2.00	0.1960	100.0
吉林大学	2	3.00	0.1930	98.5
广东财经大学	3	1.70	0.1274	65.0
上海交通大学	4	2.35	0.1259	64.2
中国人民大学	5	1.70	0.1183	60.4
南京理工大学	6	1.35	0.1169	59.6
江苏大学	7	1.30	0.1073	54.7
武汉大学	8	1.85	0.0871	44.4
三峡大学	9	0.85	0.0825	42.1
西安交通大学	10	1.50	0.0810	41.3
清华大学	11	1.90	0.0809	41.3
暨南大学	12	1.30	0.0689	35.2
温州大学	13	1.00	0.0540	27.6
山东大学	14	1.00	0.0540	27.6
南开大学	15	1.00	0.0530	27.0
哈尔滨工业大学	16	1.00	0.0530	27.0
浙江大学	17	1.15	0.0467	23.8
华中科技大学	18	0.88	0.0459	23.4
上海财经大学	19	1.00	0.0420	21.4
四川大学	20	1.00	0.0420	21.4
青岛理工大学	21	0.70	0.0378	19.3
广东技术师范学院	22	0.70	0.0371	18.9

续表

院校名称	2014年排名	论文数	评价得分	企业文化与社会责任研究力指数
南京大学	23	0.65	0.0351	17.9
中南大学	24	0.65	0.0351	17.9
华南理工大学	25	0.60	0.0324	16.5
中国人民公安大学	26	0.30	0.0291	14.8
西交利物浦大学	27	0.50	0.0270	13.8
西安工业大学	28	0.50	0.0265	13.5
杭州电子科技大学	29	0.70	0.0217	11.1
鲁东大学	30	0.70	0.0217	11.1
广东科学技术职业学院	31	0.70	0.0217	11.1
中南林业科技大学	32	0.35	0.0189	9.6
苏州大学	33	0.50	0.0155	7.9
南通大学	34	0.50	0.0155	7.9
浙江农林大学	35	0.35	0.0147	7.5
大连理工大学	36	0.30	0.0093	4.7
中山大学	37	0.15	0.0081	4.1
深圳大学	38	0.15	0.0080	4.1
浙江工商大学	39	0.15	0.0047	2.4
北京联合大学	40	0.08	0.0041	2.1

表 25　2015 年中国高等院校企业文化与社会责任研究力指数及排名

院校名称	2015年排名	上年排名	论文数	评价得分	企业文化与社会责任研究力指数
南京大学	1	23	4.60	0.1676	100.0
西南财经大学	2	—	2.00	0.1090	65.0
电子科技大学	3	—	1.55	0.0838	50.0
中国人民大学	4	5	1.68	0.0821	49.0
合肥工业大学	5	—	1.00	0.0730	43.6
大连海事大学	6	—	1.00	0.0590	35.2
石河子大学	7	—	1.00	0.0590	35.2
浙江大学	8	17	1.30	0.0557	33.2
重庆理工大学	9	—	1.00	0.0500	29.8
华南理工大学	10	25	1.60	0.0496	29.6
清华大学	11	11	1.00	0.0450	26.8
中山大学	12	37	1.30	0.0403	24.0
上海财经大学	13	19	1.00	0.0400	23.9
云南财经大学	14	—	1.00	0.0400	23.9
杭州师范大学	15	—	0.85	0.0400	23.8
西南大学	16	—	0.70	0.0350	20.9
中国社会科学院	17	—	0.70	0.0329	19.6
浙江工商大学	18	39	0.70	0.0315	18.8
南开大学	19	15	1.00	0.0310	18.5
吉林大学	20	2	1.00	0.0310	18.5
上海立信会计学院	21	—	0.70	0.0280	16.7
安徽大学	22	—	0.90	0.0279	16.6

续表

院校名称	2015年排名	上年排名	论文数	评价得分	企业文化与社会责任研究力指数
长江大学	23	—	0.85	0.0264	15.7
武汉大学	24	8	0.70	0.0217	12.9
广东金融学院	25	—	0.70	0.0217	12.9
中原工学院	26	—	0.50	0.0155	9.2
江苏大学	27	7	0.30	0.0150	8.9
暨南大学	28	12	0.30	0.0141	8.4
复旦大学	29	—	0.30	0.0120	7.2
贵州大学	30	—	0.30	0.0093	5.5
中南大学	31	24	0.30	0.0093	5.5
中国人民公安大学	32	26	0.15	0.0074	4.4
三峡大学	33	9	0.15	0.0071	4.2
西南交通大学	34	—	0.08	0.0055	3.3
上海交通大学	35	4	0.08	0.0055	3.3
华南师范大学	36	—	0.10	0.0031	1.8
西安交通大学	37	10	0.08	0.0023	1.4

五　中国高等院校管理科学与工程研究力指数与排名分析

管理科学与工程所包含的内容较为广泛，涉及决策与对策管理、管理系统工程、系统分析技术、预测技术、控制论、模拟（仿真）技术、评估技术、数量经济分析方法、管理信息系统、决策支持系统、网络及其管理等。根据中国高等院校管理科学与工程研究力指数的测算结果，2014年和2015年我们所选择的管理科学与工程论文数量分别为278篇和316篇，远远少于相应年份的工商管理论文数量，占所选择的管理学论文数量的比例分别为27.5%和31.3%，涉及的高等院校数量分别为143所和158所，远远少于相应年份工商管理论文所涉及的高等院校数量，这说明从事管理科学与工程研究的主体和力量较工商管理稍弱。

2014年，中国高等院校管理科学与工程研究力排前10位的分别是华中科技大学、电子科技大学、西安交通大学、华北电力大学、天津大学、南京大学、中山大学、南开大学、合肥工业大学和上海交通大学（见表26），相较于工商管理，理工类高等院校数量明显增多，财经类高等院校数量显著减少。这10所高等院校的评价得分之和占所有高等院校管理科学与工程研究力评价得分之和的32.6%，发表论文数量之和占管理科学与工程研究论文总数的33.0%，与相应年份工商管理研究力情形中相对应的比重相当。排第11—20位的高等院校分别是重庆大学、西南财经大学、东北大学、南京航空航天大学、华南理工大学、华东理工大学、大连理工大学、同济大学、湖南大学和北京航空航天大学，相较于工商管理，理工类高等院校也明显增多。这些高等院校的评价得分之和占所有高等院校评价得分之和的16.3%，发表论文数量之和占管理科学与工程研究论文总数的16.2%，二者略低于相应年份的工商管理研究力情形中相对应的比重。综合来看，排前20位的高等院校评价得分之和占所有高等院校评价得分之和的48.9%，发表论文数量之和占管理科学与工程研究论文总数的49.2%，与该年工商管理研究力情形中相对应的比重相当。

2015年中国高等院校管理科学与工程研究力排在前10位的分别是华中科技大学、中南大学、重庆大学、大连理工大学、电子科技大学、合肥工业大学、西安交通大学、东北大学、中国科学技术大学和华北电力大学（见表27），均为理工类高等院校或综合类高等院校，并无财经类高等院校。其中，大连理工大学和西安交通大学这两所大学也出现在该年工商管理研究力排名的前10位中。排在管理科学与工程研究力前10位的这些高等院校的评价得分之和占所有高等院校评价得分之和的29.0%，发表论文数量之和占管理科学与工程研究论文总数的29.2%，较2014年有明显下降，也低于相应年份的工商管理研究力情形中相对应的比重。排第11—20位的分别是南开大学、华南理工大学、中国科学院、清华大学、中国人民大学、同济大学、西安理工大学、华东理工大学、上海交通大学和四川大学，也以理工类高等院校或综合类高等院校为主。这10所高等院校的管理科学与工程研究力评价得分之和占所有高等院校评价得分之和的16.1%，发表论文数量之和占管理科学与工程研究论文总数的16.5%，与2014年基本持平，但低于该年工商管理研究力情形中相对应的比重。综合来看，2015年中国高等院校管理科学与工程研究力排前20位的高等院校评价得分之和占所有高等院校评价得分之和的45.1%，较2014年下降了3.8个百分点，发表论文数量之和占管理科学与工程研究论文总数的45.7%，较2014年下降了3.5个百分点，且二者均略低于相应年份的工商管理研究力情形中相对应的比重。

从排名的变化情况来看，2014年管理科学与工程研究力排前20位的高等院校中,华中科技大学、重庆大学、大连理工大学、电子科技大学、合肥工业大学、西安交通大学、东北大学、华北电力大学、南开大学、华南理工大学、同济大学、华东理工大学和上海交通大学这13所高等院校继续保持在2015年排名的前20位中。2015年,中国科学技术大学、四川大学、中国人民大学、西安理工大学、中南大学、清华大学和中国科学院进步显著,较2014年的位次分别提升了95位、53位、43位、35位、28位、18位和12位。上海交通大学的位次有明显下降,由2014年的第10位下降至2015年的第19位。

从各高等院校之间的差异来看,在管理科学与工程研究方面,优势高等院校之间的差距要明显大于工商管理。就工商管理而言,2014年排第10位的华中科技大学和2015年排第10位的清华大学的研究力综合指数分别为63.8和63.4,与相应年份排名第一的南开大学和中国人民大学的差距分别是36.2和36.6;而对于管理科学与工程来说,2014年排第10位的上海交通大学和2015年排第10位的华北电力大学的研究力指数分别为33.4和41.1,与两年均排名第一的华中科技大学的差距分别是66.6和58.9。与工商管理类似,进行管理科学与工程研究的优势高等院校与一般高等院校之间的差距也十分显著。2014年和2015年管理科学与工程研究力指数低于10的高等院校均为94所,指数低于1的高等院校分别有14所和12所,它们与排名靠前的高等院校之间的差距非常显著。

表26　　2014年中国高等院校管理科学与工程研究力指数及排名

院校名称	2014年排名	论文数	评价得分	管理科学与工程研究力指数
华中科技大学	1	16.79	1.2132	100.0
电子科技大学	2	9.60	0.7726	63.7
西安交通大学	3	12.35	0.7724	63.7
华北电力大学	4	7.90	0.6504	53.6
天津大学	5	9.08	0.6332	52.2
南京大学	6	8.18	0.5522	45.5
中山大学	7	7.50	0.5324	43.9
南开大学	8	7.90	0.5236	43.2
合肥工业大学	9	5.31	0.4569	37.7
上海交通大学	10	5.20	0.4052	33.4
重庆大学	11	5.23	0.3778	31.1
西南财经大学	12	4.35	0.3621	29.8
东北大学	13	5.15	0.3511	28.9
南京航空航天大学	14	4.25	0.3382	27.9

续表

院校名称	2014年排名	论文数	评价得分	管理科学与工程研究力指数
华南理工大学	15	4.76	0.3307	27.3
华东理工大学	16	4.00	0.3230	26.6
大连理工大学	17	4.80	0.3158	26.0
同济大学	18	4.00	0.3140	25.9
湖南大学	19	3.70	0.2882	23.8
北京航空航天大学	20	4.00	0.2498	20.6
东南大学	21	3.00	0.2382	19.6
武汉纺织大学	22	2.99	0.2314	19.1
西南交通大学	23	3.20	0.2292	18.9
武汉大学	24	3.40	0.2286	18.8
中国科学院	25	2.55	0.2274	18.7
哈尔滨工业大学	26	3.15	0.2271	18.7
西安电子科技大学	27	2.85	0.2196	18.1
南京理工大学	28	2.85	0.2163	17.8
浙江大学	29	3.03	0.2142	17.7
中南大学	30	2.65	0.2063	17.0
复旦大学	31	3.55	0.2052	16.9
清华大学	32	2.43	0.2000	16.5
北京工业大学	33	3.00	0.1910	15.7
江苏科技大学	34	2.20	0.1892	15.6
浙江工商大学	35	2.30	0.1891	15.6
南京审计大学	36	2.48	0.1812	14.9
中央财经大学	37	2.10	0.1806	14.9

续表

院校名称	2014年排名	论文数	评价得分	管理科学与工程研究力指数
中北大学	38	2.20	0.1790	14.8
青岛大学	39	2.00	0.1720	14.2
山西大学	40	2.00	0.1720	14.2
哈尔滨工程大学	41	2.85	0.1684	13.9
中南财经政法大学	42	1.95	0.1677	13.8
西北工业大学	43	2.50	0.1580	13.0
安徽工业大学	44	1.80	0.1464	12.1
上海财经大学	45	2.00	0.1430	11.8
中国矿业大学	46	1.65	0.1419	11.7
天津财经大学	47	1.85	0.1345	11.1
郑州大学	48	1.93	0.1336	11.0
海南大学	49	1.70	0.1259	10.4
北京大学	50	1.60	0.1199	9.9
淮海工学院	51	1.35	0.1161	9.6
西安理工大学	52	1.65	0.1119	9.2
厦门大学	53	2.00	0.1110	9.1
华侨大学	54	1.30	0.1031	8.5
山东财经大学	55	1.30	0.1028	8.5
烟台大学	56	1.20	0.0972	8.0
东北师范大学	57	1.00	0.0970	8.0
中国人民大学	58	1.75	0.0962	7.9
上海海事大学	59	1.70	0.0939	7.7
东北财经大学	60	1.40	0.0934	7.7

续表

院校名称	2014年排名	论文数	评价得分	管理科学与工程研究力指数
广东工业大学	61	1.55	0.0868	7.2
华东师范大学	62	1.00	0.0860	7.1
浙江师范大学	63	1.00	0.0860	7.1
浙江工业大学	64	1.00	0.0860	7.1
中国地质大学	65	1.00	0.0860	7.1
杭州电子科技大学	66	1.00	0.0860	7.1
福州大学	67	1.00	0.0860	7.1
天津商业大学	68	1.00	0.0860	7.1
陕西科技大学	69	1.00	0.0860	7.1
大连交通大学	70	1.00	0.0860	7.1
沈阳航空航天大学	71	1.00	0.0860	7.1
广东金融学院	72	1.00	0.0860	7.1
四川大学	73	1.25	0.0829	6.8
大连海事大学	74	0.95	0.0817	6.7
暨南大学	75	1.00	0.0740	6.1
湘潭大学	76	1.00	0.0740	6.1
河北经贸大学	77	1.35	0.0736	6.1
北京科技大学	78	1.15	0.0734	6.0
成都信息工程大学	79	0.80	0.0688	5.7
北京邮电大学	80	1.15	0.0651	5.4
江苏大学	81	1.00	0.0650	5.4
江苏理工学院	82	0.85	0.0629	5.2
兰州大学	83	0.85	0.0629	5.2

续表

院校名称	2014年排名	论文数	评价得分	管理科学与工程研究力指数
温州大学	84	0.70	0.0602	5.0
安徽大学	85	0.70	0.0602	5.0
江苏师范大学	86	0.70	0.0602	5.0
华南农业大学	87	0.70	0.0602	5.0
昆明理工大学	88	0.70	0.0602	5.0
南京工业大学	89	0.70	0.0602	5.0
燕山大学	90	0.78	0.0574	4.7
北京化工大学	91	1.00	0.0560	4.6
江南大学	92	1.00	0.0560	4.6
广东外语外贸大学	93	0.70	0.0518	4.3
山东理工大学	94	0.93	0.0500	4.1
中南民族大学	95	0.70	0.0490	4.0
南京财经大学	96	0.85	0.0485	4.0
首都经济贸易大学	97	0.85	0.0485	4.0
江西财经大学	98	0.85	0.0476	3.9
天津工业大学	99	0.85	0.0476	3.9
首都师范大学	100	0.78	0.0441	3.6
武汉理工大学	101	0.50	0.0430	3.5
西华师范大学	102	0.50	0.0430	3.5
湖北经济学院	103	0.50	0.0430	3.5
中国科学技术大学	104	0.50	0.0430	3.5
对外经济贸易大学	105	0.70	0.0392	3.2
北京联合大学	106	0.70	0.0378	3.1

续表

院校名称	2014年排名	论文数	评价得分	管理科学与工程研究力指数
南华大学	107	0.70	0.0378	3.1
黑龙江科技学院	108	0.50	0.0370	3.0
石河子大学	109	0.35	0.0301	2.5
鲁东大学	110	0.35	0.0301	2.5
西安财经学院	111	0.35	0.0301	2.5
桂林电子科技大学	112	0.35	0.0301	2.5
湖北工业职业技术学院	113	0.35	0.0301	2.5
南通大学	114	0.35	0.0301	2.5
安徽农业大学	115	0.35	0.0301	2.5
南京工程学院	116	0.35	0.0259	2.1
临沂大学	117	0.35	0.0259	2.1
上海大学	118	0.30	0.0258	2.1
山西农业大学	119	0.30	0.0258	2.1
常州大学	120	0.30	0.0258	2.1
哈尔滨理工大学	121	0.35	0.0200	1.6
南京邮电大学	122	0.35	0.0196	1.6
西安邮电大学	123	0.35	0.0196	1.6
北京师范大学	124	0.30	0.0162	1.3
天津师范大学	125	0.15	0.0146	1.2
河北联合大学	126	0.20	0.0143	1.2
北京吉利学院	127	0.15	0.0129	1.1
齐鲁工业大学	128	0.15	0.0129	1.1

续表

院校名称	2014年排名	论文数	评价得分	管理科学与工程研究力指数
江苏省行政学院	129	0.15	0.0129	1.1
中欧国际工商学院	130	0.19	0.0107	0.9
湖北工业大学	131	0.10	0.0086	0.7
西南政法大学	132	0.15	0.0086	0.7
北京交通大学	133	0.15	0.0086	0.7
广西民族大学	134	0.15	0.0084	0.7
南京师范大学	135	0.15	0.0084	0.7
长安大学	136	0.15	0.0084	0.7
广东财经大学	137	0.08	0.0065	0.5
四川行政学院	138	0.08	0.0065	0.5
东北石油大学	139	0.08	0.0056	0.5
东莞理工学院	140	0.15	0.0047	0.4
山东科技大学	141	0.05	0.0043	0.4
山东青年政治学院	142	0.08	0.0043	0.4
滁州学院	143	0.04	0.0032	0.3

表27　2015年中国高等院校管理科学与工程研究力指数及排名

院校名称	2015年排名	上年排名	论文数	评价得分	管理科学与工程研究力指数
华中科技大学	1	1	15.00	0.9535	100.0
中南大学	2	30	10.85	0.7512	78.8

续表

院校名称	2015年排名	上年排名	论文数	评价得分	管理科学与工程研究力指数
重庆大学	3	11	10.20	0.7217	75.7
大连理工大学	4	17	10.15	0.6179	64.8
电子科技大学	5	2	8.35	0.5676	59.5
合肥工业大学	6	9	8.08	0.5591	58.6
西安交通大学	7	3	8.55	0.5218	54.7
东北大学	8	13	7.58	0.4620	48.5
中国科学技术大学	9	104	5.98	0.4063	42.6
华北电力大学	10	4	5.55	0.3917	41.1
南开大学	11	8	6.43	0.3742	39.2
华南理工大学	12	15	5.65	0.3731	39.1
中国科学院	13	25	5.28	0.3697	38.8
清华大学	14	32	5.30	0.3629	38.1
中国人民大学	15	58	5.45	0.3400	35.7
同济大学	16	18	5.05	0.3104	32.6
西安理工大学	17	52	5.35	0.2985	31.3
华东理工大学	18	16	4.50	0.2922	30.6
上海交通大学	19	10	3.90	0.2858	30.0
四川大学	20	73	4.03	0.2846	29.9
上海大学	21	118	5.35	0.2833	29.7
北京理工大学	22	—	3.93	0.2800	29.4
天津大学	23	5	4.15	0.2784	29.2
湖南大学	24	19	3.89	0.2635	27.6
西南交通大学	25	23	3.53	0.2633	27.6

续表

院校名称	2015年排名	上年排名	论文数	评价得分	管理科学与工程研究力指数
上海财经大学	26	45	3.45	0.2569	26.9
东南大学	27	21	3.35	0.2540	26.6
武汉大学	28	24	4.00	0.2414	25.3
南京理工大学	29	28	3.70	0.2391	25.1
西北工业大学	30	43	4.38	0.2378	24.9
北京科技大学	31	78	3.30	0.2331	24.4
北京航空航天大学	32	20	2.75	0.2142	22.5
浙江大学	33	29	2.98	0.2104	22.1
中国矿业大学	34	46	2.85	0.2030	21.3
上海海事大学	35	59	2.70	0.1939	20.3
哈尔滨工程大学	36	41	2.85	0.1843	19.3
中南财经政法大学	37	42	2.53	0.1825	19.1
东北财经大学	38	60	3.00	0.1790	18.8
中山大学	39	7	2.93	0.1762	18.5
南京航空航天大学	40	14	2.53	0.1692	17.7
南京大学	41	6	2.95	0.1602	16.8
浙江师范大学	42	63	2.05	0.1595	16.7
福州大学	43	67	2.05	0.1426	15.0
厦门大学	44	53	2.00	0.1400	14.7
山东大学	45	—	2.08	0.1390	14.6
广东工业大学	46	61	2.35	0.1355	14.2
吉林大学	47	—	1.80	0.1336	14.0
北京邮电大学	48	80	1.90	0.1333	14.0

续表

院校名称	2015年排名	上年排名	论文数	评价得分	管理科学与工程研究力指数
江苏科技大学	49	34	1.93	0.1329	13.9
北京交通大学	50	133	1.65	0.1275	13.4
中国地质大学	51	65	1.70	0.1230	12.9
东华大学	52	—	1.70	0.1190	12.5
对外经济贸易大学	53	105	1.55	0.1142	12.0
南昌大学	54	—	1.70	0.1139	11.9
北京信息科技大学	55	—	1.70	0.1139	11.9
宁波大学	56	—	1.68	0.1122	11.8
深圳大学	57	—	2.00	0.1120	11.7
云南财经大学	58	—	1.85	0.1113	11.7
华东师范大学	59	62	1.63	0.1081	11.3
复旦大学	60	31	1.35	0.1080	11.3
哈尔滨工业大学	61	26	1.85	0.1053	11.0
重庆工商大学	62	—	1.50	0.1005	10.5
大连海事大学	63	74	1.50	0.1005	10.5
北京大学	64	50	1.35	0.0958	10.0
西南财经大学	65	12	1.90	0.0855	9.0
天津理工大学	66	—	1.15	0.0850	8.9
青岛大学	67	39	1.20	0.0816	8.6
西南石油大学	68	—	1.05	0.0816	8.6
江苏大学	69	81	1.15	0.0771	8.1
兰州大学	70	83	1.00	0.0735	7.7
暨南大学	71	75	1.00	0.0730	7.7

续表

院校名称	2015年排名	上年排名	论文数	评价得分	管理科学与工程研究力指数
重庆邮电大学	72	—	1.00	0.0730	7.7
燕山大学	73	90	1.00	0.0730	7.7
郑州大学	74	48	1.00	0.0730	7.7
桂林电子科技大学	75	112	1.00	0.0730	7.7
烟台大学	76	56	1.00	0.0730	7.7
汕头大学	77	—	1.00	0.0730	7.7
温州大学	78	84	1.00	0.0730	7.7
长沙理工大学	79	—	1.00	0.0730	7.7
安徽工业大学	80	44	1.05	0.0725	7.6
华中师范大学	81	—	1.05	0.0718	7.5
浙江工业大学	82	64	1.00	0.0670	7.0
沈阳工业大学	83	—	1.00	0.0670	7.0
湘潭大学	84	76	1.00	0.0670	7.0
山西大学	85	40	1.00	0.0670	7.0
山西财经大学	86	—	1.00	0.0670	7.0
河海大学	87	—	0.85	0.0661	6.9
浙江工商大学	88	35	0.95	0.0637	6.7
中央财经大学	89	37	0.93	0.0620	6.5
南京财经大学	90	96	0.85	0.0570	6.0
武汉纺织大学	91	22	0.85	0.0570	6.0
天津工业大学	92	99	0.85	0.0570	6.0
广西科技大学	93	—	0.85	0.0570	6.0
北方工业大学	94	—	0.70	0.0560	5.9

续表

院校名称	2015年排名	上年排名	论文数	评价得分	管理科学与工程研究力指数
首都经济贸易大学	95	97	0.70	0.0560	5.9
武汉科技大学	96	—	0.70	0.0560	5.9
山东理工大学	97	94	0.80	0.0536	5.6
杭州师范大学	98	—	0.70	0.0511	5.4
上海海关学院	99	—	0.70	0.0511	5.4
中国石油大学	100	—	0.70	0.0511	5.4
山东青年政治学院	101	142	0.70	0.0511	5.4
安徽财经大学	102	—	0.78	0.0503	5.3
华南农业大学	103	87	0.70	0.0469	4.9
南通大学	104	114	0.70	0.0469	4.9
福建农林大学	105	—	0.70	0.0469	4.9
浙江财经大学	106	—	1.00	0.0450	4.7
四川农业大学	107	—	1.00	0.0450	4.7
江南大学	108	92	0.65	0.0436	4.6
上海理工大学	109	—	0.65	0.0436	4.6
江汉大学	110	—	0.50	0.0400	4.2
四川师范大学	111	—	0.45	0.0360	3.8
重庆交通大学	112	—	0.50	0.0344	3.6
广东财经大学	113	137	0.50	0.0335	3.5
浙江行政学院	114	—	0.50	0.0335	3.5
常州大学	115	120	0.70	0.0315	3.3
浙江外国语学院	116	—	1.00	0.0310	3.3
天津财经大学	117	47	0.43	0.0289	3.0

续表

院校名称	2015年排名	上年排名	论文数	评价得分	管理科学与工程研究力指数
江西财经大学	118	98	0.35	0.0280	2.9
广州大学	119	—	0.35	0.0280	2.9
南京审计大学	120	36	0.35	0.0280	2.9
南昌工程学院	121	—	0.35	0.0280	2.9
北京联合大学	122	106	0.35	0.0280	2.9
三峡大学	123	—	0.35	0.0256	2.7
湖北经济学院	124	103	0.35	0.0256	2.7
绍兴文理学院	125	—	0.35	0.0256	2.7
石家庄经济学院	126	—	0.35	0.0256	2.7
中国刑事警察学院	127	—	0.35	0.0235	2.5
南京邮电大学	128	122	0.35	0.0235	2.5
新华都商学院	129	—	0.35	0.0235	2.5
湖北汽车工业学院	130	—	0.35	0.0235	2.5
上海外国语大学	131	—	0.35	0.0235	2.5
浙江农林大学	132	—	0.35	0.0235	2.5
琼州学院	133	—	0.35	0.0235	2.5
西南民族大学	134	—	0.35	0.0235	2.5
浙江万里学院	135	—	0.35	0.0235	2.5
内蒙古农业大学	136	—	0.35	0.0235	2.5
湖北工业大学	137	131	0.30	0.0210	2.2
贵州财经大学	138	—	0.35	0.0158	1.7
成都信息工程大学	139	79	0.18	0.0130	1.4
重庆师范大学	140	—	0.15	0.0120	1.3

续表

院校名称	2015年排名	上年排名	论文数	评价得分	管理科学与工程研究力指数
北京第二外国语学院	141	—	0.15	0.0110	1.1
西南政法大学	142	132	0.15	0.0110	1.1
华南师范大学	143	—	0.15	0.0101	1.1
安徽大学	144	85	0.15	0.0101	1.1
安徽电子信息职业技术学院	145	—	0.15	0.0101	1.1
上海工程技术大学	146	—	0.15	0.0101	1.1
北京化工大学	147	91	0.10	0.0080	0.8
哈尔滨商业大学	148	—	0.15	0.0068	0.7
昆明理工大学	149	88	0.10	0.0067	0.7
沈阳工程学院	150	—	0.10	0.0067	0.7
淮阴工学院	151	—	0.10	0.0067	0.7
江苏开放大学	152	—	0.10	0.0067	0.7
武汉工商学院	153	—	0.10	0.0067	0.7
中欧国际工商学院	154	130	0.08	0.0060	0.6
山东财经大学	155	55	0.08	0.0050	0.5
北京师范大学	156	124	0.08	0.0050	0.5
北京外国语大学	157	—	0.08	0.0044	0.5
蚌埠学院	158	—	0.05	0.0037	0.4

六 中国高等院校管理学研究力评价结论与局限性

(一) 评价结论

通过对中国高等院校管理学研究力进行评价,可以得到以下三点结论。

结论1:研究力量高度集中。从整个管理学来看,2014年和2015年中国高等院校管理学研究力排前20位的高等院校评价得分之和占所有高等院校评价得分之和的比重分别为44.8%和43.3%,发表论文数量之和分别占管理学论文总数的45.9%和45.1%。从工商管理的情况来看,2014年和2015年中国高等院校工商管理研究力排前20位的高等院校评价得分之和占所有高等院校评价得分之和的比重分别为49.9%和48.4%,发表论文数量之和分别占工商管理论文总数的48.9%和49.5%,两种比重均高于管理学研究力情形中相对应的比重。从管理科学与工程的情况来看,2014年和2015年中国高等院校管理科学与工程研究力排前20位的高等院校评价得分之和占所有高等院校评价得分之和的比重分别为48.9%和45.1%，发表论文数量之和分别占管理科学与工程论文总数的49.2%和45.7%。

结论2：学科优势主体存在差异。从整个管理学来看，2015年研究力排在前10位的分别是大连理工大学、华中科技大学、中国人民大学、南开大学、西安交通大学、南京大学、西南财经大学、清华大学、中山大学和重庆大学，综合类高等院校占据主要地位（6所），理工类高等院校也有一席之地（3所），财经类高等院校仅1所。从工商管理的情况来看，2015年工商管理研究力排在前10位的分别是中国人民大学、西南财经大学、大连理工大学、南开大学、南京大学、西安交通大学、中山大学、对外经济贸易大学、浙江大学和清华大学，综合类高等院校占据主要地位（6所），理工类高等院校和财经类高等院校各有2所。从管理科学与工程的情况来看，2015年管理科学与工程研究力排在前10位的分别是华中科技大学、中南大学、重庆大学、大连理工大学、电子科技大学、合肥工业大学、西安交通大学、东北大学、中国科学技术大学和华北电力大学，理工类高等院校占据主要地位（7所），综合类高等院校也占有部分席位（3所），但没有财经类高等院校。从工商管理各子学科来看，2015年企业理论与管理理论研究力居于前5位的分别是中山大学、中国人民大学、西南财经大学、对外经济贸易大学和南开大学；战略管理研究力排前5位的分别是南开大学、中国人民大学、大连理工大学、浙江大学和同济大学；财务管理研究力排前5位的分别是中国人民大学、中山大学、东北财经大学、南京大学和对外经济贸易大学；市场营销管理研究力排前5位的分别是西南财经大学、武汉大学、清华大学、华中科技大学和中山大学；创新管理研究力排前5位的分别是西安交通大学、浙江大学、中国科学院、大连理工大学和南开大学；组织与运营管理研究力排前5位的分别是大连理工大学、南京大学、中国人民大学、西安交通大学和西南财经大学；人力资源管理研究力排前5位的分别是南京大学、上海对外经贸大学、南开大学、复旦大学和暨南大学；企业文化与社会责任研究力排前5位的分别是南京大学、西南财经大学、电子科技大学、中国人民大学和合肥工业大学。

结论3：各高等院校研究力差距显著。从整个管理学来看，无论是2014年还是2015年，各高等院校在管理学研究力方面的差距均十分显著。一方面，排名靠后的高等院校与排名靠前的高等院校之间差距巨大。2014年排名第一的华中科技大学和2015年排名第一的大连理工大学管理学研究力综合指数均为100，而相应年份管理学研究力综合指数低于10的高等院校分别为186所和187所，其中还分别包括43所和45所指数低于1的高等院校。另一方面，排名靠前的高等院校之间的差距也十分显著。2014年排第10位的清华大学和2015年排第10位的重庆大学管理学研究力综合指数分别为59.1和62.2，与排第1位的高等院校的综合指数存在十分明显的差距。工商管理与整个管理学情况类似，排名靠后的高等院校与排名靠前的高等院校之间的差距巨大，2014年排名第一的南开大学和2015年排名第一的中国人民大学工商管理研究力综合指数均为100，而相应年份工商管理研究力综合指数低于10的高等院校分别有150所和152所，其中还分别包括28所和40所指数低于1的高等院校。同时，排名靠前的高等院校之间的差距也十分显著，2014年排第10位的华中科技大学和2015年排第10位的清华大学工商管理研究力综合指数分别为63.8和63.4，与排第1位的高等院校存在十分明显的差距。就管理科学与工程的情况来看，优势高等院校之间的差距要明显大于工商管理。就工商管理而言，2014年排第10位的华中科技大学和2015年排第10位的清华大学的研究力综合指数分别为63.8和63.4，与相应年份排名第一的南开大学和中国人民大学的差距分别是36.2和36.6；而对于管理科学与工程来说，2014年排第10位的上海交通大学和2015年排第10位的华北电力大学的研究力指数分别为33.4和41.1，与两年均排名第一的华中科技大学的差距分别是66.6和58.9。与工商管理类似，进行管理科学与工程研究的优势高等院校与一般高等院校之间的差距也十分显著。2014年和2015年管理科学与工程研究力指数低于10的高等院校均有94所，指数低于1的高等院校分别有14所和12所。

（二）局限性

需要指出的是，由于受到各种各样的制约，本研究存在以下几个方面的局限性，需要在今后的研究中逐步予以克服和修正。

一是衡量内容的局限性。研究力是一个综合性概念，不仅应包括对产出成果的衡量，也应该包括对研究人员数量、研究条件等要素的衡量，还应包括对其在该领域影响力的衡量。本研究仅从发表的管理学研究成果视角对研究力进行评价，衡量范围相对较窄。

二是成果范围的局限性。管理学研究成果应该涵盖专著、研究课题成果、学术论文等，但本研究仅从学术论文视角考察高等院校的管理学研究力。而且，本研究只收录了中国大陆的12种管理学权威和核心刊物，对于发表在国外期刊上的学术论文没有进行统计，一般认为发表在国外的学术论文应该具有更高的研究水准。

三是论文归类的局限性。一些学术论文属于交叉领域，因此，很多论文的学科归类存在相应的主观性，受研究者自身素质和结构的影响。以后应考虑在分类结构上如何设计以减少这种主观性。

四是结果分析的局限性。我们注意到，在本研究选择的12种期刊中，有些期刊的影响因子变化较大。例如，《会计研究》2014年影响因子为0.098，2015年为0.050，减少了近50%；《科研管理》2014年影响因子为0.031，2015年为0.059，增长了近一倍，并高于一些知名期刊2015的影响因子，如《管理世界》（0.040）、《会计研究》（0.050）、《中国工业经济》（0.047）和《南开管理评论》（0.049）。这引起了评价排序的一些变化。这种影响因子的变化是客观的,但是否真实反映了管理学研究力的变化,还需要做进一步的分析论证。

参考文献

黄速建、黄群慧等：《中国管理学发展研究报告》，经济管理出版社2007年版。

蒋颖：《人文社会科学领域文献计量学研究》，社会科学文献出版社2013年版。

罗刚君、章兰新、黄朝阳编著：《Excel 2010 VBA编程与实践》，电子工业出版社2010年版。

张小宁，中国社会科学院工业经济研究所研究员，中国企业管理研究会常务理事。主要从事企业管理、管理理论、分配模式、效益评估等方面的研究。曾参与多项国家级研究课题和院所级研究课题，以及国家部委和企业委托的重要项目，在《管理世界》《中国工业经济》《世界经济》《科学学与科学技术管理》《经济管理》等核心期刊发表论文多篇。